精神科医
越智啓子

波動の秘密

宇宙のしくみで人生を動かす方法

徳間書店

はじめに――思ったことがすぐに実現する楽しい黄金世界へ

この本を手に取ってくださって、本当にありがとうございます。

あなたの魂さんとの、ご縁に感謝です。

この本では、波動についてのいろんな話を書いてみました。

この世のすべては、波動でできています。

その元になっているのが、私たちの思いです。それがイメージになり、響きになり、色になり、形になっていきます。

それが、壮大な映像になって、まるで映画のように、アニメのように作られて立体的に形になっているのがこの世のしくみです。

波動という観点から、この世のしくみと、見えないあの世のしくみまで、解説してみました。

どうやったら、波動を高めることができて、もっと楽々な人生を送れるのかの優しい方法を紹介しています。

今まで書いてきた本よりも、さらに深く掘り下げて、わかりやすく解説してみました。

これからのあなたの人生に役立つヒントが見つかりますように、祈りながら書いてみました。

少しでも、本来の自分に目覚める、気づきのチャンスになったら、とても嬉しいです。

新型コロナウイルスの登場で、大きな変化を地球全体で感じています。

このような大変革のときに、「波動の秘密」の本を皆さんにお届けできて、とても嬉しいです。


新しい地球に向けて、大きなうねりが始まりました。

このようなときに思い出すのが、宮崎駿さんの『風の谷のナウシカ』です。

核戦争で破壊された地球の後の世界から始まる、不思議な漫画です。

1984年に、封切られたアニメ映画を見て、大感動しました。人が多くて、通路の前のほうで、体育座りしてわくわくときめきながら見たのを懐かしく思い出します。

2019年に、新作歌舞伎で尾上菊之助さんがナウシカを演じる『風の谷のナウシカ』の後編を見るチャンスがありました。アニメ映画のその後の話でした。とても深い内容にびっくりしました。

歌舞伎ならではの、哲学的な内容をわかりやすく表現していて、闇と光の世界、人間の愚かさと、そこから抜け出す方法を人間の思いで作っているしくみのすばらしさも見事に描かれていました。

ナウシカの世界では、人間が愚かにも自然を破壊して、それに気づくように引き寄せた、汚染された自然を浄化するための「腐海の森」という厳しい環境が出てきます。

「腐海の森」では、いろんな菌が繁殖して、普通に呼吸ができないので、必ずマスクをしているところも、ちょうど今のコロナの世界を描いているようで、相似しています。

私たち、地球人の集合意識が、新型コロナウイルスを引き寄せて、今までの権力やお金を中心とした世界を変えるために、リセットするチャンスを与えられたのです。

コロナの影響もあって、『風の谷のナウシカ』がまたブームになっているそうです。ナウシカの漫画を読むと、わずかに生き残った人々の間でも、また戦いが続く世界からどうやって、平和な世界へと導かれるのかがナウシカの言動によって示されています。

憎しみと恐怖を手放すことで、敵がいなくなり、誰もナウシカを滅ぼすことができず、誰もがナウシカに魅了されて、彼女のアドバイスを自然に受け入れるようになり、仲良くなっていくのが感動的です。

読んでいるうちに、自分自身からも恐怖が溶けていくのがとても心地よく、すばらしい

「波動の秘密」だと感じられました。

どうやったら、憎しみを解放できるのか、どうやったら、不安や恐怖を手放せるのかが、コロナリセット後に必要とされてきます。

ナウシカから学ぶ波動アップの方法を感じながら、この本を楽しく書いてみました。

薬を使わない、愛と笑いの過去生療法を25年間も地道に続けてきたユニークな精神科医として、体験の中から感じてきたことを皆さんに伝えることができたら、本望です。

クリニックで使っている、波動アップにおすすめのアロマ、クリスタルについても、わかりやすく解説してみました。

日常生活で、すぐにできる波動アップ法も紹介しています。


この世の体験だけを切り取ると、どうしてこんな目にあうのかわからない、理不尽だと思うことも、魂の歴史の長いスパンで読み解くと、点と点がつながって、とても意味深い体験を日々していることに気づくことができます。

人生一切無駄なしです。

必ず体験することに、深い意味があります。

その体験をすることで、過去生の続きができて、自分の魂が納得して、潜在意識に残っ

ていた感情が解放されて、すっきりとでき、さらに波動が高まっていきます。

それは、体験したあと、しばらくしてからやっと納得できるようになっています。そのような「人生のしくみ」を、「波動の秘密」を通じて、理解していただけたらと思っています。

コロナが収束していくとともに、これから地球の黄金時代を迎える、大変革を地球全体で体験していく流れになっているそうです。

権力とお金から自由になって、本当の自分の本質に目覚めて、楽しい人生を創造できるようになるのです。そのためにも、不安や憎しみを手放して、光の世界と変わらない、思ったことがすぐに実現できる楽しい世界をこの世にも作っていきましょう！

私たちの波動が上がってきたので、そのような時代を迎えることができるのです。

２０３０年ころには、地球も他の星の人々と交流できるくらいに、それぞれの精神波動が高まって、経済も今までのお金に縛られることなく、本当に好きなことができるような自由な黄金世界ができていきます。

経済も社会も構造から変化していくのです。

わくわく楽しくなってきました。

どうしてそう言えるのかも、この本を読んでいただけるとわかってきます。

過去に体験したことが、今でも活用できるのです。それを私たちは、才能と呼んでいますが、まさにいろんな時代に体験してきたことをすべて最大活用して、それぞれの得意分野を使って、ユートピアへと向かっていきます。

一緒に楽しく、地球のユートピアへの道を歩んでいきましょう！

そのために、この本が少しでも役立ちますように！

どうぞ、楽しんでくださいませ。

令和2年10月吉日　人生を楽しく導くインスト楽多〜

越智　啓子

第1章　波動のしくみ

第3章　意識・無意識・潜在意識

第4章 波動を整える、合わせる、上げる

第5章 見えない世界を使って、人生を動かす

第1章

波動のしくみ

波動とは何のこと?

波動と聞いて、あなたは何を感じますか?

エネルギーを感じますか?

そのまま、波が動くイメージが見えてきますか?

あなたは、家族や職場で、自分が他の人とは価値観や世界観が違っていて、浮いていると感じたことはありますか?

それは、あなたの波動がまわりよりも高くて、浮いているように感じたということです。

ちょっと、ほっとしましたか?

これからは、まわりを巻き込んで、一緒に浮いてしまいましょう!

みんなで、波動アップできます。

それには、まわりの人々が納得するような、まわりの人と違ってもいいのだという意識が変わる解説が必要です。

そのために、この本が登場です!

目の前の空中には、いろんな波が動いています。

一見何もないように見えますが、無数にいろんな波が動いています。

ずばり、見えない世界の何かが、たくさん動いているのです。

ラジオやテレビの電波が無数に飛び交っています。

毎日使っているスマートフォンが発する波動が無数に動いています。

これは、以前、『ルーシー』という「脳が活性化すると人間がどのように変化していろんな能力が開発されるのか」という命題を扱った面白い映画でも、ルーシーの体験と、脳科学のシンポジウムの解説が並行して進んで、わかりやすく表現されていました。

実は、無数の波動に囲まれて、私たちは生きているのです。

その波動を微妙に感じながら、選択、発信しながら生きています。しかも見事に混線しないで、絶妙につながりながら、生きています。

ここが、すばらしい「宇宙のしくみ」です。

カタカムナの世界は、波動そのものを理解するのに、とても深く古くから存在している超直観科学なのでこの本でも解説していきます。

見えない世界のことをカム＝潜象世界といいます。

そして、何度も何度も繰り返し＝ナしていると、見える世界＝カタ＝現象世界になります。それがカタカムナです。カタカナの原型でもあります。

いのちにもそれぞれの**周波数（＝波動を数値で表現したもの）**があって、波を発しています。

すべてのものには、波動があります。

すべてのものは、常に動いています。

あらゆる現象が、波動という観点で、解説することができます。

波動とは、空間のある一点での状態の変化が、次々とある一定の速度で伝わっていく現象とも言われています。

私たちの心、身体、魂には、固有の振動数、周波数があって、氣＝エネルギーが合うと共振します。震えて響き合うのです。

男女の一目惚れも、一瞬でお互いの過去生のデータを瞳の奥の個人的ツタヤを検索して、お互いの縁のある過去生を引き出し、悲恋の続きが始まるための共振が起きることで、ハッピーエンドの結ばれる流れに向かっています。

これまで、20年間「人生のしくみ」を書き続けてきたので、さらに、「波動のしくみ」

について解説しながら、「宇宙のしくみ」まで、ひも解くことができたら、本望です。

長年本を書いてきて、今回波動についての命題をいただいて、心が躍動しました。まさに、私の中の波動が共振して、喜びの響きを奏《かな》でたのです。いよいよ、宇宙の真髄の本質について語ることができるからです。

まるで、音楽のように、心の奥深くの魂が、震えてくるのです。これが私たち人間の本質の波動、喜びの共振でもあります。

今この瞬間に、天才的ピアニスト、亀井聖矢《まさや》さんのバッハの曲、「半音階的幻想曲とフーガニ短調」を聞きながら書いているので、作曲家バッハの魂の響きと亀井聖矢さんの魂の響きが重なって、波動の解説が進んでいます。

ＢＧＭにもその人の波長と合う、合わないがあります。

さらに、物理学者でもあるもう一人の天才ピアニスト、角野隼斗さんのラフマニノフ作曲「ピアノ協奏曲第二番ハ短調」の壮大な波動のうねりが次に登場して、波動についての本を書く気力を高めてくれます。

角野隼斗さんの魂の響きに、ラフマニノフ本人のエネルギーを感じます。波動で読み取れるのです。彼の魂に何％かのラフマニノフのエネルギーが混ざっているのでしょう。

今まで、コンサートやＣＤでしか聞けなかったすばらしいピアニストの演奏が

Youtubeの動画で、リアルタイムに、しかも無料で聞くことができるようになりました。その音楽という波動を感じながら、波動についての本を書けるように、すばらしい環境が与えられています。

素敵な時代になってきました。

自分たちの思いで作ってきたこの文明をありがたく最大活用していきましょう。

波長が合う合わないも宇宙のしくみ

日常生活で、「あの人とは波長が合うの」「彼とは波長が合わなくてね〜」と自然に波長という言葉を使っています。

波動を理解するには、波長という側面があります。波の長さの違いを感じることができます。人間関係の中で、波長の違いが度々感じられるのです。同じ体験をしていても見方が違って世界観の違いを感じます。違いがあるから、いろんな人との関わりが楽しくなります。


あの世の光の世界では、波長同通の法則（同じ波長の人々が同じ場所にいる）があって、同じ周波数の人ばかりが集まっています。

この世に降りてくると、肉体という器に入って、様々な周波数の人々と出会うことができるという醍醐味があります。この世ならではの波動の不思議を体験できるのです。

今、原稿を書いているそばで、大好きな香りのいいピンク色の芍薬《しゃくやく》が香りと一緒に優しい響きで癒してくれています。**植物にも柔らかくて優しい波動があります。もちろん、動物にも可愛い波動からダイナミックな波動までいろいろあります。癒されるのは、その波動が気持ちいいからです。**

嫌いなものや人は、自分の波動が下がる気がします。実際に下がっていきます。心地よく続けたくなったら、今の自分にぴったりの波動です。しばらく飽きるまでひたっていましょう！

もういいなと思ったら、「そろそろその波動にひたるのは、十分なので、次に行きましょう」というタイミングなのです。

自分の感覚が、すでに波動を感じているのです。

自分の直感（魂からの直通電話）が、自分の波動を調整、維持し、さらに高みへと導いてくれます。

波動を感じることができるアンテナのことを、感性と呼んでいます。

あなたの感性は、いかがでしょうか？

感性を伸ばすことは、波動を感じる力を伸ばすことになります。

たとえば、たくさんある服や食べ物などから、今の自分にピッタリのものを選ぶのも感性の働きです。

感性を伸ばすために、いろんな波動を感じています。その中から今の自分にピッタリのものを選んで感じているのです。

高い波動の領域に常に自分の波動を保ちたいときには、スイッチになるような象徴的なものをイメージすると早くて、楽にできます。

その方法についても具体的に紹介していきましょう！

その象徴として、波動の高い宗教的な聖人や、目に見えないけれども確実に存在する大天使や龍神なども含まれてきます。

幸いにも私は精神科医でありながら、魂の通訳として、見えないカムの世界を見たり聞いたり、感じたりすることができます。それを最大活用して、愛と笑いの過去生療法を日々行っています。これが感動的で、面白くてやめられないのです。

学校で学んだ歴史以外のことがどんどん個人の魂の歴史から垣間見ることができます。

もちろん断片的ではありますが、本当はどうだったのかがわかってわくわくします。

その体験をもとに、いろんな角度から本を書いて、皆さんに伝えてきました。

今回も、波動という切り口から、伝えたいことが山のようにあります。

感じやすいことが、子供のときには、つらい面もありましたが、今ではその活用方法にも慣れてきて、同じような感覚を持った人にも楽になる方法をこの本を通じてお伝えできたらと思っています。

波動が高い、低いとは？

波動が高いほどいいのではないかと普通に私たちは思っています。

もちろん、そのほうが意識できる世界が広く、高みから見渡せるので、洞察力も冴《さ》えてきます。

波動が高いほど、意識の自由度も広がって、感じることができる世界が大きくなります。

今まで書いてきた本の中でも、**「次元とは意識の自由度です」**と解説してきました。

見えないカムの世界を解説するときに、言葉の意味を定義して伝えています。

小さいころから、普通の人が見えない世界を見てきた体験から、波動についての解説ができるのは、とても嬉しいことです。

波動の高さ、低さについても、本当のところは、相対的な面があって、見た目ではわかりません。山の高さのように物理的な高さではないからです。そのように感じる人の波動にもよるからです。

「あの人たちは、波動が低いから付き合わないほうがいいですよ」と親切にアドバイスしてくれることがありますが、そう言っている本人の波動がどうなのかが問題です。波動が低いと決めつけている上から目線の状態こそが、決して波動が高い状態とは言えないからです。判断するという事態がまず優劣をつけるという厳しい波動の世界観が土台になっています。

人の悪口を言うという波動自体がかなり低いのです。

人間関係は、お互いに合わせ鏡になって、自分を映し出していますから、誰かを波動が低いと感じるのは、自分の中にも低い波動を感じるからです。

私たちの内側にある、美しい光をお互いが感じられるようになったら、本当の平和な世界になっていくと思います。

平和な世界とは、お互いを褒め合う、笑顔で賛美する世界です。

これが、波動が高くなっている世界とも言えます。

音楽の世界で、わかりやすい例を紹介しながら、説明したいと思います。

有名なモーツアルトの場合、音楽療法ではいちばん癒されると言われ、すばらしい天上界のような音楽をたくさん生み出していますが、奥さんと卑猥な話をしてはしゃいでいるときに、30分くらいの美しい完成された楽曲がインスピレーションで突然沸いてくることがよくありました。

「アマデウス」というモーツアルトを描いた映画の中にも出てきますが、サリエリという真面目な宮廷音楽家が、「なぜ、あの下品なモーツアルトに、あんな美しい天上界から降って来たようなすばらしい音楽が生み出せるのだろう。神はとても不公平だ！」と叫ぶシーンがあります。

真面目に宮廷音楽をやってきたサリエリが、切ない気持ちになるのはよくわかります。でも音楽は真面目にやっていれば、すばらしい創造ができるとは限らないのです。

下品で卑猥なことも、実は、愛と笑いの波動で、性的な第二チャクラ（7つあるエネルギーセンター）の領域です。ここが**創造性の大切なエネルギーセンター**なので、ここを刺激することは、作曲のために理にかなっています。

無邪気に、モーツアルトが奥さんとじゃれているのは、真面目な人から見ると波動が低いと思うかもしれませんが、お腹のインナーチャイルドが刺激されて喜んでごきげんな状態を引き寄せています。

自分のインナーチャイルドが喜んでいると、インスピレーションを受け取る大切なアンテナができて、そのときの自分にぴったりの創造性が開きます。

どんなことで、インナーチャイルドが喜ぶのかは、人それぞれなので、決まったものではないのです。その人なりのスイッチの入れ方があります。

嬉しいと思ったとき、喜びがあふれたとき、ありがたいと感謝の気持ちが湧いてきたとき、生きていてよかったと感動が感じられたとき、自分の波動は確実に高められています。

モーツアルトと同じ作曲家で7歳からすばらしい作曲をしていたショパンは、音楽的な環境に恵まれていて、父がヴァイオリン、母がピアノを弾いていて、姉からピアノを習い始めたそうです。

ショパンは、ピアノの詩人と言われていて、ピアニストでもあり、作曲家でもあります。7歳から演奏旅行をしていたショパンは、好奇心にあふれ、ユーモアとウイットにもたけて、ものまねもしていたそうです。

有名なショパンの「子犬のワルツ」は、子犬がクルクルと自分のしっぽを追いかけて回っている姿を見て、感じたままを表現してできた曲です。

回るものを見ると、自分の松果体が活性化されて、インスピレーションを受け取ることができます。

私も大好きで、よく弾いていました。

愛と笑いの感性は、音楽を自由自在に扱い、見えない世界からインスピレーションを受け取るアンテナになります。

39歳の若さで肺結核を患って亡くなるショパンがいちばん創造性を発揮したのは、愛人ジョルジュ・サンドと一緒にマヨルカ島で冬を過ごした29歳から33歳のころでした。「英雄ポロネーズ」や「ピアノ協奏曲」「マズルカ」などが作曲されました。

芸術家が創造性を発揮するために、恋愛は大切な要素ですが、体の衰えと共に、創作活動も消えていきます。

やはり、35歳で早く人生を終えたモーツアルトも、短時間の間に膨大な創造活動をして、900曲以上の作曲をしています。それも、オペラ、宗教音楽、歌曲、交響曲、室内楽曲など、あらゆるジャンルにわたっています。「下書きをしない天才」と言われ、びっくりするようなスピードで、作曲をこなしていました。もちろん、バッハやヘンデルの音楽も研究して、取り入れています。依頼があっての作曲だったので、明るい優美な音楽が多くなりました。

なんと、フリーメーソンがパトロンのときもあって、最後に書いたオペラ「魔笛」は、フリーメーソンを表現しています。それが、彼の死を早めたという説もあります。

人生のしくみでは、寿命は本人の魂が決めて生まれてきますので、モーツアルトの魂は、35歳で、光の世界に帰る予定にしていて、そのために、フリーメーソンを引き寄せたのではないかと思います。陰陽を描くにはぴったりです。

名作オペラ「魔笛」は、すばらしい作品です。**特に夜の女王のアリアは最高**だと思います。クリエイティブスクールで、オペラを学ぶときに、取り入れて何度も歌う練習をしました。クリエイティブ生の中に、音楽の先生がいらして、「こんな難曲をいきなり歌うなんて、無謀です！」とびっくりされていましたが、楽しそうに歌っていました。

確かに音域が広くて、上がり下がりが激しく難しい曲ですが、**波動の高さ、低さをうまく表現**していて、体感しておくと、あとの人生に役立つと思いました。車のＣＭにもこのアリアが登場していましたので、さすがだと思いました。

直接波動が響く音楽の世界でのいろいろなエピソードでした。

波動を高めることは、愛を込めること

波動の高さ、低さに関連して、仕事の優劣について、考えさせられるエピソードがあります。クリニックにずっと通っている患者さんで、体調が悪くなり、どんどん選ぶ仕事が限られてきて、本人にとっては、どんどん仕事のランクが落ちてくるというあせりがありました。

「とうとう裏方の仕事になりました。老人ホームの掃除と洗濯ものの仕分けなのです」

と寂しそうに話してくれました。

「実は、仕事に違いはあっても優劣はないのよ。愛を込めて仕事すると、愛の掃除は、その場の波動を上げて、気持ちのよい場所になるし、洗濯物も愛を込めるとそれを着た人が幸せになるのよ。ちょっと視点を変えるだけで、すばらしい仕事に変わるわ」

と解説したあとに、ヒーリングしてみると、びっくりするほど感動的な過去生のイメージが出てきました。

フランス時代に、彼女は、結核の患者さん用のサナトリウムに働くシスター長でした。愛の言葉かけや愛あふれる看護に感動した患者さんたちは、「ここに来てよかった」と感

動し、ついには「結核になってよかった、あなたに会えたのだから」とまで、言われるようになるほど、そのサナトリウムでの看護には愛があふれていたのです。

過去生のすばらしい愛あふれるシスター長を思い出すことで、これから裏方の仕事をするのかと思って、落ち込んでいた気持ちが一気に変わりました。

「来週からその仕事を始めるのが待ち遠しくなりました！」と、目を輝かせている彼女の明るい表情に嬉しくなりました。

しみじみと**仕事に優劣はなく、その仕事に愛を込めることができれば、聖なる仕事として、すばらしい働きができる**のだと感じられるエピソードでした。

私たちは、愛あふれる地球というすばらしい星で、いろんな体験を通して、愛の表現を学んでいます。

いよいよ、地球の文明も新たな段階を迎えて、悲願のユートピアの世界へと向かっています。

この波動についての本が世に出ることで、さらにユートピアへの道が開けるようになればと思いながら書いています。

波動を高めることは、愛を込めることです。

愛があふれてくれれば、自然に波動が高まり、周波数が細やかに気持ち良い響きになってきます。

あなたの人生は愛であふれているでしょうか？

波動が高まる言動が日々、できているでしょうか？

波動は絶対的？　変動する？

すべてのものは、変化、変動しています。

じっとしているように見えますが、よく観察すると、すべては動いているのです。だから波動も絶対的なものではなく、変動するのです。

すべてのものは、振動しています。そして変化しているのです。動いていないものはなく、ミクロの世界では、原子、電子が動いているのです。

もちろん、私たちもずっと動いて、心も身体の細胞も振動しています。

カタカムナの相似象では、丸十字の記号にコロと呼ばれる小さな丸が8か所のどこかに描かれています。振動が強いところにコロが描かれるのです。

2020年の春から世界中に広まった、新型コロナウイルスもコロナという名前です。

強く振動するところが何度も繰り返されるという意味を持っています。

日本語で、変わることを「コロコロ変わる」と表現します。コロが二つも重なって繰り返されることを意味していています。コロナは変化を表わしていて、まさに地球全体がコロナで大きく変容しています。経済は一時的に停滞しましたが、地球は綺麗になって、プラスの変化のほうが多いかもしれません。

変化するからこの世は面白いのです。

なぜ、すべてのものが動いているかというと、この世のでき方と関係しています。

この世は、私たちの思いによってできているので、思いがどんどん変わって、すべてのものがゆらゆらと動めいているのです。この世はすばらしいと思い込んでいると、本当にすばらしい世界がずっと展開します。この世は、辛いと思い込んでいると、次々に辛い現象が起きてくるのです。

気が変わる人は、思いがコロコロ変わるので、振動が激しく変動幅も大きいです。

コロコロと変わる心は、表面意識＝顕在意識です。今回の人生で生まれたときから思い始めている意識です。

さらに奥深く存在しているのが潜在意識です。

表面意識がコロコロ変わっているのに、さらにそれに反応して、潜在意識から凄いパワーで反応して突き上げてくる感情が、その人の波動にとても影響を与えます。

実は、この潜在意識にたまっている感情を解放する治療を、25年間クリニックで地道に続けてきました。

アロマ（香り）とクリスタルとハンド（手から出る愛のエネルギー）そして、即興で愛を込めて歌うヴォイスヒーリングを組み合わせて、ホリスティックな治療をしています。

感情の解放をするときに、ついでにその感情をため込んだ時代のイメージが出てくるので、それを解説する「愛と笑いの過去生療法」をしています。このユニークな治療を通じて、日々、波動の変化を見てきました。

クリニックで、大量の感情を解放したあとに、目の前がパーっと明るくなるのを感じることができます。

患者さん自身も霞がかかっていたように、目の前がクリアに見えて、別世界にいるかのようだと表現してくれます。

感情を解放すると、どうして波動が上がるのかは、第3章で詳しく解説します。

さらに、なぜ今この状態なのかの理由がわかると、その瞬間に笑いが気持ち良く出てきます。**笑いも一瞬で波動が上がるすばらしい治療法**です。

目の前の人を笑わせたいというのが、私の癖になっています。「2分ごとにギャク一発」をモットーにしています。

人を笑わせることも愛の表現なのです。

暗かった患者さんが、大笑いして、ハートからパーっとキラキラの光があふれてくると、顔が変わり、その場の雰囲気が明るくなって、電気がついたのかと思うほどです。明るくなることも、波動が高くなった証拠になります。

逆に、暗くなったら、波動が下がることになります。

体感温度も波動のセンサー

温度で波動の変化を感じることがあります。

波動が高くなると、温かく感じます。

波動が下がると寒く冷やっと感じます。

霊ちゃんがいると、寒くなります。冷房がいりません。

2001年に笑い療法のドクター、パッチ・アダムスさんや世界から集まった43人の医療関係者と、中国の慰問旅行にみんなピエロ（英語ではクラウン）になって行きました。

香港のホテルに泊まったとき、たくさんの霊ちゃんが私のベッドに集まってきて、ガタガタ震えるほど、寒かったことがありました。隣にいた女性は、暑くて冷房が効かないとぼやいていました。親切にブランケットを譲ってくれましたが、私の体感温度がマイナス10度くらいでしたから、かなりの数の霊に囲まれたのです。101人くらいいたと思います。本当にびっくりでした。隣の女性に霊ちゃんを数人分けてあげたくなりました。すぐに涼しさを超えて寒くなります。

光に帰りたい霊ちゃんたちが、私のところに来れば、私が光の仕事人なので、何とかしてもらえるという噂を聞きつけて、集まってきたのです。

列を作るのが苦手な、中国人の霊たちが縦長に並んでいたのが、面白くてよく覚えています。

そろそろ光の世界に帰りたくなった霊は、早めにすっと理解して成仏します。

まだ、この世に未練が残っている霊は、決めかねていて、後ろの方でぐずぐずしていました。波動も低めで、とてもわかりやすかったです。

8割くらいの霊ちゃんたちを光に帰すお手伝いをして、やっと寝ることができました。自然に寒気もおさまってホッとして、温かくなって、夢の世界に入りました。

私たちの日々の波動は、目まぐるしく変動します。

いろんな体験や出会う人々の波動、言動、そして、テレビやネットからの情報もしっかりと影響を受けています。

ハプニングやショックなことがあると、動揺します。かなりの影響を受けてしまいます。信じていたものや人が、実は違っていたというショックは、かなりの波動の変動が起きます。そして落ち込んで鬱になります。時が解決することもあれば、かなり長引いて、クリニックにヒーリングと謎解きに来られることがあります。

それもすべて、自分の魂さんが、もっと成長したくてセットした予定通りのハードルです。誰のせいでもなく、自分が引き寄せて、チャレンジしている尊い体験なのです。

すべてがすばらしい！
すべてがちょうどいい！
すべてはうまくいっている！

3番目の言霊《ことだま》「すべてはうまくいっている！」は、25年間「カニ踊り」として唱え続けて、日本中に伝えまくってきました。**最強の言霊なので、「すべてはうまくいっている！」を唱えれば確実に波動は高まります。**

でも、波動が低いときの自分も受け入れると約束してください。それはまるでバネがギュッと縮んだときのように、そのあと、ビューーンとバネが跳ねて、高く飛びます。そのためのエネルギーをためる猶予《ゆうよ》なのです。


波動を高める生活を考察してみましょう！

波動を意識して日常生活を見直してみましょう！

この本を書いている目の前は、海です。波が動いています。入江があります。波が入江に入ってきて、どんどん潮が満ちてきています。

まさに、海の波を見ているだけでも、波動が上がる氣がしてきます。

ここの入江はとてもスペシャルで、龍が横たわって休むところです。龍の祠もあります。

入江自体が龍に見えます。龍が住むには最適の場所です。辰年、辰月生まれの私が住むには、最適の場所です。

波動を高める生活【清潔にする・動く】

まずは**①清潔にすること**です。場の波動を高めるのは、お掃除が行き届いていることです。
掃き清めるという表現をしますが、ごみやほこりを掃くと、すぐにその場のエネルギー

＝波動が高まります。どのくらい変わるかというと、4次元の幽界とのつながりがなくなって、5次元の光の世界とつながります。5次元の世界からは、まぶしい光の世界になります。本来私たちは光の世界から、光っているだけでは退屈で、自分のことが見えてこないので、3次元の制限があって、思いでいろんなものを創造できて、退屈しない世界に来ました。

4次元の幽界は、漢字で予想できるように、幽霊がいる暗い世界です。死んでもこの世に未練があって、光の世界に戻らずに、自分のことが嫌いな人や肉体からずれている人から肉体を借りて、思い残したものを体験しようとしています。

ぴかぴかに輝いている部屋には、なかなか幽霊はいられないのです。

乱雑に散らかっているごみだらけの部屋には、波動の低い幽霊にとっては、居心地がいいのです。そんな部屋を掃除して、窓を開けて光を入れて、新鮮な空気を入れ換気をすると、一気に波動が上がり、周波数が合わなくなった幽霊たちが「おおー、ここは眩《まぶ》し過ぎる〜」と言いながら、すぐにいなくなってしまいます。

幽霊だけでなく、魑魅魍魎《ちみもうりょう》と呼ばれる存在も退散しますので、空間が開かれて呼吸が楽になってきます。

掃き清めることが、いかに大切であるかは、みなさんも体験したことがあると思います。

活動の流れが止まったり、思ったとおりに行かなくなったりしたときに、てきめんの効果があるのは、まず、掃除して、片付けることです。すっきりした後に必ず、新たな面白いインスピレーションが湧いてきて、流れが変わり、止まっていた状態が動き出します。それは心地よい変化です。

掃き清めることができたら、次は、とにかく②**動いてみること**です。

お掃除ができて、すっきりすると、自然に私たちは動きたくなります。

これは、お母さんたちからよく聞く話です。

一生懸命にお掃除して綺麗になると、子供がそこで思い切りおもちゃを広げて嬉しそうに遊びだすそうです。綺麗にすっきりしたところは、波動がいいので、気持ちよくそこで思い切り遊びたくなるのです。

物であふれてごちゃごちゃのリビングでは、遊びたくても空間がありません。

つまり、**波動が高いところは、空間がすっきりと気持ち良い状態**です。

猫を飼っている人は、気づいていると思います。猫も波動の高いすっきりしたところが大好きです。そんな場所を見つけて、そこで寝ます。ベッドメイキングをして、綺麗になったところをすぐに見つけて、寝ています。

自分自身を見つめ直してみると、疲れて波動が低くなると、だんだんと動かなくなって、横になって休みたくなります。

シンプルに、動きがなくなって、シューンと止まってしまったら、自分の波動が下がって波動アップが必要だと思ってください。しばらくは充電期に入ります。ゆっくりとお休みモードです。

でもあまりにも長くじっとしていると、動けなくなってしまいます。寝てばかりいるより、少し身体を動かすほうが、波動が上がって、回復します。

止まった状態が、再び振動して動き出したら、波動が上がる瞬間です。その変化を楽しみましょう！

私たちは、日々日常生活でも、波動が上がったり、下がったり変動しています。

その中で、いろんな学びがあり、体験から視点が広がって、見渡せる世界も広がってくるのです。

身体を動かす方法は、いろいろです。

歌うこと、踊ること、歩くこと、スロージョギング、走ること、ストレッチ、いろんなスポーツ、登山、パワースポット巡り、など何でもすぐにできる動きがあなたにとっていちばんの方法です。

自分が喜ぶ大好きな人と動くのがいちばん動機付けになります。

一緒に動きたくなる人を探しましょう！

きっと、それが励みになって、動き出すきっかけになります。

いろんな活動の中で、**家にいてもできるマイルドな動きが掃き清めて片付けること**だと感じています。家事です。誰もが当たり前にやっていることですが、その基本中の基本がいちばん早い波動を上げる方法です。

これを読んで、えーーとびっくりして、気が抜けた人もいるかもしれません。

地球劇場でいろんな体験をしている私たちですが、案外すぐ近くに波動を上げる方法がありました。

波動を高める生活【自然の美しいものを見る】

私自身も、早朝起きてこの本を書いているときに、どんどん空が朝焼けで燃えてきて、すばらしい天体ショーのように魅了され、連続写真を撮り続けました。

だんだんと色合いの中心が東の日の出に移ったので、アトリエに移動して写真を撮っていたら、自然に絵を描きたくなって、今取り組んでいるカタカムナウタヒの絵の続きを描き始めました。

カタカムナウタヒ第41首の下絵を水色とピンクで朝焼けの最後の色合いになりました。その美しい色合いを自分でもうっとりして見ていたら、自然に隣の瞑想ルームを掃き掃除したくなり、アトリエも掃除して、リビングも和室もと、美しい朝焼けからもらったパワーが家事をしたくなるエネルギーに変換されていきました。

自然界の美しいものを見て、感動したパワーで、さらに波動を上げる動きに変換される体験をタイムリーにしてしまいました。

これは天からのギフトだとしみじみ思いました。

それだけ、この波動についての本が大切なのだと思います。

あなたが**美しい波動の高い環境に住んでいれば、どんなことが起きても、大丈夫です。心配ありません。**

安定したエネルギーを保てるからです。それからさらに波動を上げる動き、活動をしていきましょう！

もし、あなたが都会に住んでいたり、美しい環境にいないときは、どうしたらいいのでしょう？

週末に自然の豊かなところへドライブに出かけましょう！

自然の中で、仲間たちとキャンプを楽しみましょう！

長い休暇が取れるときには、自分の好きな自然の中で、ゆったりと過ごしましょう！　北海道や沖縄など、自然豊かなところへの旅をおすすめします。

波動を高める生活【朝日を浴びる】

お寺の修行も、2時半に起きて、掃除からスタートです。

3時からお勤め＝読経が始まります。

波動が高くなるのが、3時からなので、ぴったりです。

私が本を書くのも3時から4時の間に起きて、書いています。目覚ましをセットしなくても、天使の桜ちゃんが自然に起こしてくれます。大体は、すっと起きられてすぐにノートパソコンを開いて、書くことができます。これも習慣です。

波動が高い時間帯に書くと、自然にインスピレーションを受け取ることができて、サクサクと進むのです。

夜は夜の波動があります。4次元の世界を体験できます。それを体験したいときは夜の波動を楽しみます。

朝日が出てくる朝焼けのときも、ぐんと波動が上がります。

朝日そのものの光を浴びるのも、さらに波動が高くなります。

朝のルーティーンの仕事を次々とこなすうちに、どんどんテンションも上がってきて、仕事モードになると、マックスにいろんな才能が開いてきます。

私の場合、診療が10時からですが、ちょうど活動しやすいマックスのときになるように、

10時を選んでいます。午前中にかなり難しいケースが来ますが、才能をいろいろ開いて準備されているので、何とかこなしています。

食べることが大好きなので、ランチでまたエネルギーを補給して、午後の仕事に向かいます。

いろんなケースを解放しながら、自分の中のエネルギーもついでに解放されます。さらに同じ時代のパラレルワールドも解放されて、その達成感と喜びで、いっぱいになります。

大きな解放ができると、さらに喜びが大きくなり、同じ悩みを持った人々も一緒に癒されていきます。

一人ひとりを真剣勝負で、人生の謎解きをしながら、解放していますが、一人ひとりがいろんな時代の代表選手のような役割をしていて、その人の家族や友人のソウルメイトだけでなく、同じ時代のグループソウルや、パラレルワールドまで、癒されていくのを最近は見ることができるようになりました。

特に2020年7月11日から、お釈迦様のエネルギーを早朝浴びることができて、自分の使うエネルギーが変わってきました。

ヴォイスヒーリングもパワフルに拡がるようになり、その変化を隣にいる待合室のスタッフも、

「啓子先生のヴォイスが変わりましたね。とても響いて、凄くなりました」

と表現してくれます。

地道に仕事を続けていると、あるときふと、自分のエネルギーが変わって、さらに仕事がやりやすくなることが、今までに何回もあります。

ゲームでいうレベルアップのような感じです。体験が増えると自然にレベルアップします。それも楽しみの一つです。階段状に上がっていく感じのときと、パラレルにまた違った世界に移行する場合があります。これも好きずきです。

波動が上がって、次のステップにいったのだと思います。ありがたいことです。

ステップアップすると、付き合う人々も変わってきます。

さっそく、世界を旅する超自由人、フェイスブック友達Pico（ぴこ）さんが来てくれました。すばらしいベストタイミングでした。自然に海の舞にご案内して、イルカホールで、アマテラスのマントラを唱えたら、びっくりの響きになって、高次元の宇宙まで、ぶっとんでしまいました。お互いの波動の共振で、高められて起きたハプニングでした。地球の自分の身体に降りてくるために、近くの海につかったそうです。

あなたの周りに面白い人、よく活動する人、多才な人が増えてきたら、あなた自身の波動が上がってきている証拠です。

あなたの波動に共鳴して、そばに寄って来ているのです。

その調子で、動くことを楽しんでください。

自然に自分の偉大なる魂さんから、直感というメッセージが届いて、次に進む方向性が導かれていきます。さらに気持ちよく振動できるような流れに変わっていきます。

もちろん、自分の中の宇宙も広がりができて、さらに面白くなってくるのです。

宇宙との関係は？

波動が上がると、見える視野が広がって、意識できる世界が大きくなります。

同じ場所にいても、思いの違いで、パラレルに全く別の世界を見ることができます。

もちろん、宇宙との関係も身近なものになっていきます。

2020年春からの、新型コロナウイルス騒動の間に、たくさんの宇宙船が地球に見守りにやってきました。たくさんの違う星々からの宇宙船が地球の大変化を見に来ています。

私は、特にプレアデスと縁が濃いので、毎晩のようにプレアデスの母船に乗って、広い部屋で、いろんな宇宙人とミーティングしていました。

それだけ、コロナのことは、宇宙にも影響があって、コロナを合図に地球が大きく前進して、**いよいよ宇宙時代に突入する流れ**になってきました。

わくわくが止まりません。

宇宙人のアイデアを取り入れた経済改革やエネルギー改革が期待されます。

念願のフリーエネルギーをいよいよ使えるようになるかもしれません。

医療面も、薬から脱皮して、エネルギー治療が広がることを願っています。

そのためにも、私たち自身の波動をもっと上げる必要があります。意識が変わるとそれにともなって波動も変わります。

波動と意識はセットなのです。

思いが意識となり、波うって波動になります。

思うことで、意識がそこに向かうから点がそこに止まって、動き出すと波の性質を持った波動になります。波が動いて、その思い、意識が移動して、さらに大きく発展していきます。こうやって、宇宙ができていくのです。

宇宙は、人の思いでそれぞれの内なる宇宙が創られているので、人の数だけあります。しかも球体なのです。経験が増えるにつれて、どんどん丸くなるので、とても楽しいです。

前著『自分リセット！　無限のゼロ・パワー』の本に、楽しい歌を創って、紹介しました。

宇宙は球～宇宙は球～体験するほど丸くなる～
宇宙は球～宇宙は球～突き抜けたら、天然アマ～

という楽しい歌です。メロディーと振りは、名古屋チームの宮古島ツアーのときに愛と笑いのカタカムナセミナーをリクエストされて、そこで即興で生まれました。宮古島の波動と共振したのだと思います。

今これを書いているときに、目の前の入江の上空に、はっきりと見える円盤雲が出て見せてくれました。ずっと停泊しています。

いつも見るお決まりの場所です。宇宙船が姿を見せたいときは、同じ場所を決めていることが多いようです。

よく見ると雲は、かなりのスピードで流れて動いています。

その中でじっと動かないのも、かなりのエネルギーを使ってそこに居続けているのです。

鳥がバタバタしながら、同じ位置に止まっているのと同じです。

もし、円盤雲を見つけたら、テレパシーで通じるので、ぜひ話しかけてみてください。

宇宙人は気づいてくれることをとても喜びます。

夢の中で、母船に乗りたい人は、「母船に乗ります！」と宣言してみてください。それは母船の人々に通じて、ベストタイミングに乗ることができます。

思うことが、宇宙を創っています。

まず、こうありたいことを思ってみることです。そして、決めることです。

決めると波動がとても強くなって、びっくりするようなスピードで、相手に伝わります。

思いのエネルギーは、とても強いのですが、断言して決めるとそのパワーは何十倍にも強くなります。その人の思いの強さがそれぞれ違いますが、普通に思うのと決めるのでは、全く違うことを心に留めておいてください。

自分で決めることが楽しくできるようになると、さらに宇宙がしっかりと存在をゆるが

ないものにします。安定感と安心感が漂って、それだけでも社会への貢献度が大きいです。

例えば、最近体験して印象深かったのが、コロナ自粛中に、どうしても仕事がしたくて、5月31日の名古屋でのワークと講演会をすると強く決めました。

ずっと20年間も私のワーク、講演会、セミナーを主催してくださっている川井亜哉子さんも、「私も絶対にやりたいので、決めます！」と力強く宣言しました。ちょうど、41冊目の本『自分リセット！　無限のゼロ・パワー』が世に出るときだったので、なおさら、どうしてもやりたいという強い思いが二人の間を炎の循環のようにまわって、渦巻いてカタカムナウタヒのように、力強く振動しました。5月14日に、愛知県のコロナ自粛が解除されて、するすると仕事ができる方向にすべてがうまく流れて、本当に5月31日に開催できました。

しみじみと、**思いを強く決めることで、動き出す**ことを経験できました。

これから、日常生活で、自分で決めることを意識して、どんどんやってみましょう！

決めれば決めるほど、自分の内なる宇宙の球が丸く力強くなっていきます。宇宙は球体で、自分の思いでできています。どう思うかが大切なのです。

自分で決めることを、もっと楽しみましょう！

見ていることはほんの一部の世界

私たちが肉体の目で見ているのは、目の奥のフィルムのような網膜に、映し出された光が視神経を通じて、ここで光のエネルギーが電気的エネルギーに変換され、それが脳に伝達され、像として認識される過程があります。

肉体の目で感知される、周波数は、可視光線が、360nm〜400nm、760nm〜830nmと限られているので、すべてを見ているわけではありません。

見ているときの周波数の違いで、同じ場所の見え方がどんどん変わるのを体験したことがあります。電車の中で、混む線の逆路線でしたので、乗客は少なく、はっきりと見るのにはちょうどいい状況でした。

医学部を出て、医師になり、2年間の研修を終えて、ロンドン大学に2年間留学して、帰国後、東京小平市の国立精神神経センター武蔵病院（現・NCNP病院）に勤務していたときです。西武新宿線の通勤時の出来事です。

「周波数をどんどん低くしていくから、どんなものが見えるかをしっかり見ていてね」とその当時の指導霊から解説がありました。

少しずつ、感じられる周波数を低くしていくと、それまで見えなかったのに、窓にべったりと人々が残したコールタールのような黒い想念のエネルギーが張り付いているのが見えました。それぞれの人の体内のブロックが黒く見えます。

ハートが黒かったり、頭が黒かったり、腰が黒かったり、それぞれのブロックの位置がわかります。さらに周波数を低くしていくと、人々に付いている霊ちゃんたちが見えてきます。衣装から、時代が予測できます。自分が生きていた時代の関係者が付くのだとしみじみわかりました。

さらに、その背後のもっと黒幕的な存在まで見えてきて、ちょっと怖かったです。怖いと感じたところで、また周波数が上がって、戻っていきました。

普通に、肉体の目で見える状態から、さらに今度は周波数が上がっていきます。どんどん周りも明るくなって、守っている天使や守護霊、指導霊が見えてくると、どんどん気持ちが明るくなって、光輝く世界になり、とても幸せな気持ちになりました。

こうやって、**私たちみんなが、肉体の目では見えないけれど、周波数の高い世界の方々から守られている**のだとわかると、感謝の気持ちがいっぱいになってきました。

どんどん光が強くなると、すべての人のハートが光ってきました。

どんな人にもハートの奥には、光があって、輝いてきます。

それをはっきりと電車の中で確認することができて、本当に貴重な体験でした。

私たちは刺激を求めて、波動を落としてやってきた

私たちは、本来光そのものです。光の世界からこの世にやってきました。光っているだけでは、退屈したので、楽しい刺激を求めて、波動を落として、この世に降りてきたのです。だから、私たちは、自分で波動を上げ下げするのは得意なはずなのです。

生まれる前に、今回の人生で体験したい内容を自分の魂が決めてきて、人生のシナリオを書いてきています。守護天使がそれを前もって読んで、段取りをして無事に体験できるように応援してくれています。

どんな人にも必ず一人は、守ってくれている守護天使が右上の方にいます。

その人の働きに応じて、女性的に見えたり、男性的に見えたりします。

私は、桜が好きなので、自分の守護天使さんを「桜ちゃん」と呼んでいます。

あなたも、好きな名前を自分の守護天使につけて、呼んでみましょう！

人間関係と同じで、名前を呼ぶと親近感が湧いて、とてもつながりが深くなります。日

常生活がとてもスムーズになるので、守護天使を好きな名前で呼ぶ習慣を身に付けるのは、本当におすすめです。**守護天使の存在を意識していると、自然に交流が濃くなって、対話ができるようになります。**

必要なことを教えてくれて、直感やインスピレーションを受け取ることが上手になります。

とってもお得なので、天使とつながるコースを選んでみましょう！

私は、仕事にもプライベートにも、大いに天使と仲良しコースを活用しています。それによって、波動が下がる心配をしなくなります。

この絶対的な安心感は、不動です。

そのおかげで、自分の思いの強さもぐんと伸びます。

なぜなら、最強の大天使ともつながっていくからです。

大天使と仲良くなったのは、沖縄に移住してからです。

朝５時にドドーンと地響きがして、びっくりして外に出たら、大きな10m以上ある大天使ミカエルがそびえたっていました。

「何事ですか？」と聞いたら、

「お呼びかと思って参上しました！」との返事でした。

無意識に、つまり、私の潜在意識が何かに反応して大天使ミカエルを呼んでしまったのです。

あまりにも登場の仕方がダイナミックなので、びっくりでした。

それ以来、いろんな大天使ラファエル、ガブリエル、ウリエル、アリエールさんとの交流が、楽しく密に始まりました。

海外のセミナーツアーでフランスに行ったときには、大天使ミカエル、ラファエル、ガブリエルの三人がエスコートしてくれて、様々なタイミングで応援してくれました。見えないカムの世界では、私たちを応援したがっている天使がたくさんいます。勝手には応援できないので、やはりこちらからリクエストが必要です。

ぜひ、これから天使へのリクエストをしてみましょう！

瞑想とデジャヴも波動の体験

見えないカムの世界がどんどん近づいてきて、自分がカムの世界へ突入していきます。

それが可能なのが睡眠中の夢の世界です。

私たちは、夢は幻、自分の思いが引き寄せたイメージの世界と思い込まされてきました。

ところが、夢の世界と瞑想の世界が本当の偉大なる自分の魂さんとつながる大切な方法なのです。

瞑想するほど、本当の自分に近づきます。

夢の中で、リアルにいろんなことが起きて、そのエネルギーやイメージがこの世に降ろされると正夢とされて認識されます。

その逆の現象が**既視体験（デジャヴ）**です。

前に見たことがある、全く同じような場面を体験した、見た、それは夢の中だ、それは過去生だと、あとから自然にわかってきます。

例えば、海外で初めて訪れる場所なのに、そこを抜けると何があるかが、わかってしまいます。本当に予知したものがあったりするのです。昔自分が住んでいたドイツの修道院の遺跡に行ったときにも、ありありとその建物のイメージが出てきました。シスターとして、薬草庫の扉を見ただけで、懐かしくて、中の様子まで覚えている感じがしてきました。自分でもびっくりします。初めて行くところなのに、自分がとても詳しく解説できてしまうのです。既視体験という感覚は異常ではなく、正常だと精神医学では言われています。

つまり、既視体験は、誰でも起きる現象です。

もし、あなたにも心当たりがあるのなら、それは過去生で暮らしていた場所、魂のふるさとです。だから、潜在意識が覚えていて、よく知っている感覚が出てくるのです。初めて訪れるはずなのに、道案内ができてしまうときは、必ず以前にもそこにいて慣れ親しんだ場所です。

もし旅先で、そのように感じることがあったら、前にここにいたのかもと受け入れて、その感覚を楽しんでください。

必要な新しいスイッチが入って、また新たな楽しい展開が始まります。

私がクリニックで患者さんの過去生のイメージを見ているのは、患者さんの魂さんから送られてきたイメージを第三の目の松果体で受信して、感じ取っています。

松果体は、小さいのですが、とても大切な場所です。今の時代に感覚を研ぎ澄ませて活性化することが、世界観を大きく広げるために必要になっています。

ぜひ、自著『目覚めよ、松果体』（廣済堂出版）も参考にしてください。

見えない世界がもっと身近に感じられて、日々が楽しくなってきます。

波動の秘密１　常に動いている

私たちが思いで創ったこの世界は、思いがコロコロと変わりやすいだけに、すべてのものが、常に動いています。だから、いくらでも変わるのです。

バランスがとれて、完璧な状態だと思えても、次の瞬間には、新たな歪みができて、渦巻いています。

人間関係でも、うまく調和がとれていたのに、新人が入ってきて、かき乱されて、困っていたら、新しい渦ができて、新しいアイデアを取り入れて、売り上げが倍増することがあります。

混沌としたカオスの世界を、相似象ではコロイド状態といいます。

コロイドは、どうにでもなる状態です。いくらでも、どのようにも変われるのです。コロナで混沌とした社会になりましたが、逆にいろんな可能性が開かれてきたという新たな進化・成長が始まりました。

仕事面でも、無駄な会議や接待がなくなって、すっきりしてきています。

義理人情で仕方なくやっていたことも、すっきりとなくなりました。

波動の世界を表現している、カタカムナウタヒは、右回りに渦巻き状に丸十字の記号で、宇宙のしくみが表現されています。

宇宙は、右回りで、エネルギーが入ります。波動が上がります。

左回りで、エネルギーがほどけて解放です。

たとえば、世界中で、ねじは右回りではまり、左回りでゆるみます。

しまったり、ゆるんだり、を繰り返しています。

氷が溶けて、水になり、すぐに蒸発して水蒸気になって空に消えていくかのようです。

そして消えたかと思っていたら、雲になって流れて、さらに雨になって、また地上に降りてきます。

水もコロイド状態が加わって、四相であることがわかってきました。

アメリカのワシントン大学のポラック博士が、水には、気体、液体、固体の三相の他にコロイド状の「液晶体」があることを見つけました。

季節も春夏秋冬、四季があります。

自然に私たちは、四葉のクローバーを探して喜ぶのです。

感情も喜怒哀楽と四つ表現されています。

この世は、四相でできていて、まさに流転しているのです。

常に動いているこの世を思い切り楽しみましょう！

波動の秘密２　愛を込めると波動が上がる

宇宙は、愛に満ち満ちています。

私たちが住んでいる地球は、ずばり愛の星です。

愛を学ぶには、すばらしい場所です。

地球は愛にあふれていて、たくさんのいのちが息づいているので、とても人気があります。

その中でも日本はいちばん人気で、生まれ変わるのに、行列ができているそうです。胎内記憶を研究している池川明先生の講演で聞いて、嬉しくなりました。

それで日本人は行列を作るのが得意なのです。

天災があって物資を受け取るのも、どこでもちゃんと列を並んで、暴動が一切ありません。これは、ずっと続いてきた日本人の精神性の高さ、波動の高さ、愛の深さだと思います。

３・11のときも、アジアから応援に来た人が、９歳の男の子にバナナをあげたら、その子はその場で食べずに、みんなとシェアする棚に置いたのを見て、泣いてしまったそうです。

愛を込めると、自然に波動は上がります。

そのバナナは、あげた人の愛と、それを受け取ってみんなとシェアした男の子の愛がてんこ盛りになって、食べた人を愛の波動が優しく包んで、とても幸せな気持ちにしてくれたと思います。

感動した人が母国のツイッターで紹介したら、あっという間に広がって、多くの人々に感動を与えました。またこの本でもシェアされて、あなたにも愛を感じてもらえます。愛を感じて感動すると、与えた人も与えられた人も、またその話を聞いた人も幸せになり、波動が上がります。

愛は宇宙とつながって、愛の循環が始まるのです。

何をするにも、どんな小さなことでも、愛を込めると、波動が上がります。

毎日続く果てしない家事さえ、愛を込めると、愛の仕事になり、それに触れた家族は、愛に包まれて、幸せになります。笑顔になります。その笑顔が学校や職場で自然にあふれて、その愛の笑顔を見た人々も幸せな笑顔になります。

笑顔そのものが愛です。

愛の笑顔で、挨拶をしましょう！
愛の笑顔で、愛の言葉かけをしましょう！
愛の笑顔で、愛いっぱいで、相手が喜ぶことをしましょう！
愛の循環が始まって、まわりに社会に広がります。
愛の循環が始まって、地球はユートピアになります。
愛を込めて、波動を上げましょう！

第2章

波動が変わると現実が変わる

「引き寄せ」とは何が起こっているのか

2007年から、アメリカで動画「The Secret」による紹介から始まった、宇宙法則の一つの「引き寄せの法則」が世の中に出て、今でも大変人気を呼んでいます。「引き寄せの法則」をここで、波動として解説してみましょう！

「引き寄せの法則」は、思いが現実を引き寄せるという内容です。

何かを強く思っていると、宇宙がそれを感知して、良い悪いかをまったく判断しないで、引き寄せてくれるのです。

大好きなものを引き寄せたときに、それをまわりの人々に熱く語ると、それを宇宙がキャッチして、また同じような大好きな現象を引き寄せてしまいます。

同じように、嫌いなことを引き寄せたときに、まわりの人々に、熱く語ると、それも宇宙がキャッチして、さらに嫌いな体験を引き寄せます。

両方の体験をすると、引き寄せたいものを意識するようになります。

熱く語ったときに、発せられる波動は、強い思いの波動です。

ここで、波動で引き寄せを解説するために、宇宙空間で凄い速度で飛ぶ「念波」を解説したいと思います。

関英男著『生命と宇宙』（ファーブル館）いうとても興味深い本に、「念波」が登場します。すっかりこの「念波」に魅せられたので、この本でもぜひ紹介したいと思います。

「念波」とは、念を込めるというように、今この瞬間の強い思いです。

私たちの思いの波動は、光よりも速い「念波」によって、宇宙空間を飛びまわります。

光は遅い波動なので、１００億光年という距離を、１００億光年かかって届きますが、念波は、毎秒3掛ける10の１００乗センチメートルなので、同じ１００億光年を1秒間に10の83乗回往復できます。

あまりにも、念波が速いので、どんな距離でもまったく時間を要しないのです。

どんな宇宙のかなたにも、祈りを送ると、念波が一瞬で届くのです。

とても嬉しいですね！　祈りが光と同じ速度だったら、祈りが届いて、戻ってくるまでに、もう何度も生まれ変わっていて、本人も忘れてしまっています。

「星に願いを」という歌もあるほど、たくさんの星々に祈りを込めると、ちゃんと時間がかからずに届くのです。

だから、非常に短い時間で宇宙を行ったり、来たりは、可能なのです。

念波の他に「天波」があります。**天波は、情報と同時にさらに高いエネルギーを運びま**

す。

電波や光は、金属板や障害物があると、さえぎられますが、**念波や天波は、突き抜けて、一直線に進むことができます。**

ここで、念波と天波が大いに活躍してきます。

そして、ギャグも生まれます。

天波と念波で、天然パ～です。

笑っていただけましたか？

自分の苦手なものを意識して、それを熱く語ると、「お呼びですか？」と、また同じような苦手なものがやってきます。

意識していると、それを引き寄せるならば、引き寄せたいものを意識しましょう！

土地の波動も共鳴する

『夢実現プロセス』（大和書房）という本に「天の舞」を創るプロセスを記したのですが、土地の波動と自分自身の波動は共鳴するというお話です。

最初からすんなりとは行かず、まず土地を購入するところから、難航しました。

６人の地主さんが持っていて、とても入り組んだ複雑な形をしていました。

土地にも波動があります。

波動の高い土地を、カタカムナでは、イヤシロチと呼びます。

もともと土地は、地主のものではなく、地球のものです。

地球を人生劇場の舞台に使わせてもらっている私たちにとって、土地の波動との縁はとても大切です。

土地の波動と自分の波動が気持ちよく共鳴すると、自然にそこに住めるようになります。

だから、**地鎮祭という儀式があって、家を建てる前にちゃんと土地の神様に「これからここに住まわせてください」とご挨拶をして、その土地との縁ができてきます。**

土地の波動と自分の波動が共鳴して、その土地に自分のエネルギーが登録されるのです。

日本に残っている儀式は、波動的には、とても大切な意味を持っています。

きちんと、地鎮祭や竣工式などの儀式をしていると、土地の神様からのご加護があって、家を守ってくれます。

沖縄の最北端にあるパワースポットの大石林山にも、**不動産の神さま**がスピリチュアルコースの中腹に祀られています。

そこで、お祈りをすると、自分の家の土地の神様とつながって、さらにお家との関係がしっくりくるようになるでしょう！　**祈りは波動で、一瞬で伝わります。**

土地を買うとき、借りるとき、家やマンションも、とにかく不動産のある土地の神様とまずは仲良くなると、あとがスイスイになって、欲しい土地や家が引き寄せられてきます。

あなたも、これから不動産関係のプロジェクトが始まるときに、気に入った場所で土地や家やマンションを探す前に氏神様にお参りして、味方につけましょう！　すばらしい物件を引き寄せることができます。

縁があるところに、住みたくなります。

懐かしいと感じるところが、過去生で住んでいた場所です。その時代の続きをしたくなったら、またその場所に行きたくなって、そこで住むことになります。

私が衝動行為で、沖縄に移住したのも、私の中の過去生の大きな宿題、尚徳王のエネルギーが25％もあるからだと、この本を書いているうちに感じて、とても納得がいきました。どんなに両親が実家に戻って来いと懇願してきても、必死で沖縄を新しい拠点にしたかったのは、気になる過去生の続きをしたかったからなのです。表面意識は、まったく沖縄への移住を思ったことがないだけに、自分としても大きな疑問でしたが、それがどんどん解き明かされてきました。

沖縄に呼ばれて講演会を2回してから、スイッチが入って大きな流れが始まったのです。

私がなぜ沖縄に移住したのかがだんだんとクリアになってきています。

尚徳王のときにできなかった、やり残しをするためです。

王としての自覚が足りなくて、王家の流れを止めてしまいました。

自然の中で生きたい、喜界島の好きな女性と一緒にいたいという思いに走ってしまって、琉球王国を大切にしなかった罪悪感が残っていました。沖縄の花、伊集《いじゅ》ぬ花《はな》の香りでその罪悪感を癒しています。

そして、少しでも琉球・沖縄の復興のために、診療と祈りと講演会やセミナーなどの活動を地道に続けています。

衝動的に、東京から沖縄に移住したことは、私の魂さんがどうしてもやりたかったことだったのです。

あなたも、魂さんがどうしてもやりたいことは、直感や衝動行為で教えてくれます。突き上げてくる感情は、とても大切なのです。押さえつけないで、湧いてくる感情を受け止めて、解放したあと、あらたな方向性を大事に育ててください。必要なものや人や場所を、ベストタイミングに引き寄せます。

うまくいく人とそうでない人の違いは

欲しいものや、必要な人、縁のある場所を上手に引き寄せるには、どうしたらいいでしょうか？

シンプルに、うまく引き寄せる人とそうでない人の違いを波動的に見てみましょう！

1）うまくいく人は、いつも笑顔です。

うまくいかない人は、いつもうかない顔や暗い顔をしています。

私たちは、自分がどんな表情をしているか知りません。そんなに頻繁に一日のうちで、鏡を見ることがないからです。

いつも笑顔でいるのはかなり、上級コースです。

マザー・テレサさんは、「笑顔は、愛の表現です！」とおっしゃっています。

笑顔をふりまくと、愛をふりまくことになり、まわりが愛の波動を受け取って喜びを返してくれますので、いろいろうまくいくようになります。愛の波動が広がり、愛の循環が始まるからです。笑顔もすばらしい波動なのです。

2）うまくいく人は、「大丈夫よ〜なんとかなるから〜」と明るいゆるゆるの思い、柔らかい波動で生きています。

うまくいかない人は、「なんでうまくいかないのかしら？　世の中は本当に不公平だわ〜」とうまくいかない原因が自分の思い方にあることにまだ気づいていません。

思いが自分の人生を創っていきます。

思いの波動が形になって、引き寄せて、現実化するのです。

うまくいかないと思っていると、うまくいかない現象をまた引き寄せます。

試しに、「私はいつもうまくいくの〜」と思ってみてください。

言葉に出して、音声化してみると、言霊のパワーがもっと強くなって、そのまま現実化します。

3）うまくいく人は、人に甘えることが上手で、自分ができないことは、それが上手な人に手助けを頼んで、感謝します。

うまくいかない人は、すべてを自分でやらなくてはと思い込んでいて、頓挫《とんざ》します。自力タイプの人です。一匹狼タイプで、なかなか他の人と一緒に仕事をするのが苦手です。全部自分でしなければという思いが強くて、人にお願いできずに抱え込みすぎて、こけてしまいます。

それぞれに、得意分野があります。それを見つけて、認めて、応援してもらいましょう！　それぞれの得意な波動を出し合って、カラフルなエネルギーで、虹色のように、調和ができてきます。お互いがやりがいを感じて、とても幸せになります。全体の波動もとても美しく虹色になります。それに共鳴して、天からもその調子で大丈夫と、虹を見せてくれます。

仕事面でも、愛の波動の循環を起こすと、すべてが流れるようにうまくいきます。

4）うまくいく人は、自分のことを認めて、インナーチャイルド（本音、本当の気持ち）が満足して元気です。

うまくいかない人は、自分のことを認められず、まだ足りてないと思い込んで、インナーチャイルドが不満足で、元気がありません。

不完全だと感じても、今まで頑張ってきた自分をしっかり認めてあげましょう！　自分を抱きしめて、「大好き！　よく頑張ったね！」と声を出して言ってあげることで、お腹にいるインナーチャイルドが、一気に元気になって張り切るようになります。

やりたいこと、好きなことを感じながら、それを早めにやっていくと、インナーチャイルドがとても喜んで、ごきげんになります。自分のことをあとまわしにしないで、すぐに実行してしまいましょう！　自分がごきげんになれば、必ずまわりの人々もつられて、ごきげんになります。すべてがうまくいくようになるのです。インナーチャイルドが癒されて、ごきげんになると、自分の波動も落ち着いて安定してきます。

5）うまくいく人は、何が起きてもおめでたくとらえます。自分の気持ちよくなる解釈をします。

うまくいかない人は、何が起きてもマイナスにとらえます。不安になる方向に解釈して、さらに不安になっていきます。不安の波動が渦巻いてしまいます。

自分の気持ちは自分で決めることができます。おめでたい解釈をする習慣をつけましょう！　何が起きても、「もっといいことが起きるわ～楽しみ～」と思うのです。おめでたい波動が渦巻いて、元気にはじけます。

私も、かなり一日頑張って、本を書いたのに、夜になってパソコンを閉じるときに、せっかく書いた原稿を保存できなくて、ガーンとショックを受けましたが、「きっと、もっと面白い楽しい原稿にリセットされる～」と思い直して、本棚を見たら、光っている本が見つかって、それが大好きな科学者の関英男先生の本『生命と宇宙』でした。流れがぱっと変わるのです。おかげで、さらに面白い原稿になりました。猫の桃ちゃんがキーボードの上に乗ってきて、猫パワーで設定を変えてしまったのです。凄い！　猫はとてもスピリチュアルです。ちゃんと、家族として仕事も手伝ってくれます。

6）うまくいく人は、褒め上手です。自分も褒めて、人も褒めます。

うまくいかない人は、褒めるのが苦手です。けなすのが得意です。人をけなすと、自分の波動が下がります。

自分も人も褒めるには、自分も相手も愛を持って観察する必要があります。しっかりと意識して、見ていないとできないので、エネルギーを使います。それだけに、ちゃんと褒めると、愛の波動で自分も相手も包むので、優しい安心の波動に心地よさを感じて、ついうっかりマイナスの思いを手放します。

私たちは、心地よい波動に引き寄せられるのです。

心地よい波動に惹かれて、人が集まってきます。そこで、素敵なチームが生まれて、思いがけない、すばらしいイベントが成功していきます。

それぞれのすばらしい才能（＝過去に体験したこと）を認めあって、生かしあって、統合されて、大きなチームとしての働きが生まれてきます。

やがて、ソウルグループとしての、大きなエネルギーを持つようになります。それが、地球全体に広がって、大きな平和のうねり、波動となるのです。

7）うまくいく人は、うまくいかなくてもがっかりしません。きっと今がベストタイミングではないとか、縁がなかったと思えるからです。

うまくいかない人は、うまくいかないときに、「やっぱり、自分は運がない」とがっかりします。落ち込んだり、愚痴ったり、飲みつぶれたりします。どんどん波動も下がっていきます。

うまくいく人は、気にしないでサラッと流して、スルーして、また自分がやりたいことを続けます。波動が下がらずに、パッと切り替えて、さらに波動が上がっていきます。

夢実現は、ベストタイミングに起きることを知っていてください。

そうすれば、うまくいかなくても、タイミングが今ではないと思えて、がっかりしなくてすみます。それが物だったら、縁がなかったと思って、もっと自分にピッタリなものが見つかると思ってみてください。本当に、そのようになります。

ここでも「引き寄せの法則」が働いています。

思ったことが、意識したことが、引き寄せられてきます。

不調なときには何が起きているのか？

マイナスだと感じることや不調なことが起きるときに、波動的には何が起きているのかを解説してみたいと思います。

マイナスな現象とは、波動的には、調和された状態に歪みができて、そこから別の波が始まります。新しい波紋が広がるのです。一見マイナスに見えますが、遠くから見ると、何が起きるのか、どう変わるのか、わくわくしてきます。

マイナスに見えることとは、うまくいっていたのに、波風が立って、崩れてしまうときです。新しい渦ができる前触れです。

例えば、順調にいっていた職場で、新しい人材が入って、その人がいろんなことを仕出かして、調和が乱れることがあります。

それは、一見マイナスに見えますが、実は、**さらにステップアップするための破壊と再生のドラマなのです。**

再び調和になろうとする波動の働きが始まりますが、そのプロセスで、新しい企画や新しい風が吹いて、今までになかった斬新なアイデアが出てきて、売り上げが一気に伸びることがあります。

コロナ騒動が起きる半年前に、いつも年に1回は来診する男性が、仕事の悩みで来られました。二つある店舗の一つがうまくいかないというのです。

新しいほうを残して、以前の店舗を手放したほうがいいと、彼の魂さんからのメッセージでしたので、それを伝えました。半年後に、コロナ騒動が起こり、一店舗にしてよかったとホッとしていました。あのまま無理やり二店舗を維持していたら、今回人件費が払えなくて、両方とも立ち行かなくなっていたと安堵《あんど》していました。なんとか一店舗は保てています。偉大なる魂さんは、事前にコロナ自粛で大変になることを知っていたのです。

コロナ自体も、経済的にはマイナスなように見えて、これは地球が大きく変わるための必然として登場してきています。

振り返ってみると、プラス面のほうが大きいのです。

コロナ自粛で、地球上の人々が一斉に活動停止したことで、大気汚染が軽減されて、海や川も綺麗になっています。インドのガンジス川が透明な水になって、遠くのヒマラヤ山脈が美しく見えるようになったそうです。

中国の大気汚染が軽減されて、沖縄の空気がさらに美味しくなりました。

仕事面も無駄な会議や出張や接待がなくなり、オンラインでできるようになりました。

家族との絆がしっかりとできて、家族との交流の大切さに気づいた人々が仕事の仕方や内容も見直すようになりました。

タクシー代わりに使われていた救急車が、ちゃんと救急のために活動するようになりました。

三密がだめと言われて気を付けるようになって、かえって、触れ合うことの大切さに気付く人々が増えています。

観光で大人気だった日本ですが観光客がさーーっと波が引くようにいなくなって、日本が戻ってきたというすっきり感もあります。

コロナは、まさに天の計らいです。

表面的には、コロナウイルスは、人口を減らすために、権力大好きチームによって、引き寄せられたものですが、俯瞰《ふかん》してみるとちゃんとプラス面が多くて、大きな意味があることがわかってきます。

念のために、地球意識のテラに人口を減らさないと地球に住めないのかを、直接聞いてみましたが、「100億人でも120億人でも、十分に幸せに地球上で生きていけるから大丈夫よ〜」と嬉しい返事がありました。

地球は、愛にあふれていて、たくさんの命が息づいています。それだけに、地球でいろんな体験を味わいたい命がたくさん生まれています。
愛のエネルギーに包まれて、いろんな命が輝いている星です。

身体の不調も波動調整

身体の不調も、実は、デトックス中なのです。

膝が痛いときは、跪《ひざまず》いていた奴隷の時代のブロックを解放しています。「もう跪かなくていいのよ〜」と口に出して言いながら、膝を優しくなでてください。膝の痛みがどんどん消えていきます。

足首が痛いのも、奴隷の足かせを解放しているのです。左の足首なら、左半身が女性性なので、女性の時代に奴隷だったときのトラウマを解放しています。

イメージ療法で、左の足首の足かせをイメージして、カパッと声に出して言いながら、足かせをはずす仕草をしましょう！　とても楽になります。

男女間のブロックの解放は、腰痛で出てきます。

これも右側が痛かったり、腫れていたら、右側は男性性なので、男性の時代に女性からひどく振られたり、傷つく言葉を言われたり、裏切られたり、トラウマが残っていると、腰痛で知らせて、少しずつ解放され、調整されていきます。

気持ちのいいセックスをすると一気に解放が進みます。剣持奈央著『幸せなセックスの見つけ方』（河出書房新社）をぜひ紹介します。自分をまるごと好きになる「ひとり宇宙」を習慣にしましょう！　お付き合いできたり、結婚できたり進展するとさらに解放・調整が進んで、すっきりと腰痛は消えていきます。

お金のブロックは、首に来ます。よく「借金で首がまわらない」という表現をします。首が軽やかに回るようになると、お金の巡りもよくなるのです。

頭痛は、何かにこだわって、ずっと思い悩んでいると、孫悟空の輪っかのように、ハチマキラインが痛くなって、締め付けられる感じがします。その思い込みがなくなると、輪っかが外れてとても軽やかになります。

これも、ワークがあります。両手で輪っかを作るように、ハチマキラインに手を添えて、カパッと言いながら、輪っかをはずしてください。本当に楽になります。ラベンダーの香りを直接こめかみにすりこんでも、頭痛が楽になります。

肩こりは、不必要なものを背負ったときに起きます。イメージでは、実家を背負ったり、会社を背負ったり、時には地球を背負ったりしています。

肩を後ろに回しながら、「ずるっ、ずるっ、ずる、ずる、ずる～」と、誰からも頼まれていないのに、責任感で背負ってきたものをずるっと降ろすと、背中が本当に軽くなります。私たちの人生は、自分の思いで創ったものですから、イメージすると、**思いよりもイメージのほうが波動として強い**ので、あっという間に、新しくイメージしたものを引き寄せます。イメージは、松果体を使うので、より宇宙とつながりが強くなります。

コロナ自粛のおかげで、仕事をし過ぎていた人々がゆっくり休めて、よかったと喜んでいます。飲食店の方々は、とても大変だと思いますが、これにもきっと意味があります。本当にやりたかったことを思い出して、一歩踏み出せるようになると思います。

夢が叶って、夢に描いた仕事をしているのに、コロナ自粛で不安が募って、久しぶりに、クリニックでヒントをもらいたいと、来院した女性の患者さんがいらしたときに、とても面白いアドバイスをしたので、紹介します。

「不安が出てしょうがないのですが、どうしたらいいのでしょう？」

「不安から逃げようとすると、追いかけてくるの。不安はじっくり味わうつもりで、向かい合うと、すっと消えていくのよ。

私たちは、いろんな体験をするために、この世に来たのよ。

あなたが天女で空を飛んでいたときに、地上の人々が不安そうだったのを見て、『不安ってどんな感じなの？』と思ったみたい。

今回はいろんな不安を体験しに来たのよ。だから、てんこ盛りね！　たくさんいろんな不安を体験しておくと、あの世に帰ってから、不安についての大講演会ができるわ。だから、不安をしっかり味わってみてね！　不安を真正面から取り組むと決めると、案外一瞬で消えていくから」

とびっくりのアドバイスに大爆笑でした。さらにせっかく夢が叶ったので、「今の仕事はやめないで、きっとアイドルになれるわ！　若作りしてね！」と今の仕事をもうしばらくしたいという魂さんからのメッセージを伝えました。これも大笑いとなり、楽しいセッションでした。

実は、不安の波動は、とても弱いのです。泡のように、ふわふわとしていて、ちょうどお祭りのときに欲しくなる綿あめのようです。

なめるとジュワッと溶けて、実体がないのです。

このままの自分ではいけないのではないのかと、今の自分の状態を受け入れられない、認められなくなっていて、そのため、この現実の世界との歪みの膜ができてしまいます。それが不安の膜の始まりです。

不安が強くなってくると、どんどんこの世から意識が離れていくので、存在感が薄れて、いわゆる「影が薄い人」になります。

ぼーーっとした感じで、意識がそこに100%なくて、分散しています。いろんな世界に意識が向いているので、会話もあまりできない状態です。

もちろん、集中もできないので、勉強や仕事ができなくなります。

この辺で、精神科や心療内科に受診すると、うつ病だと診断されて、安定剤を投与されます。うっかり飲んでしまうと、ますますぼーっとなって、加速します。

ベルガモットやラベンダーなどのアロマ（香り）を使うと、意識がしっかりとして、集中できて、存在感が出てきます。

「よく頑張りましたね！」「あっぱれです！」と認めてあげると、ハッと意識が今に戻ってきて、「もしかして、今の自分でいいのかな？　これで大丈夫なのかな？」と一瞬でも思えるとずれがなくなって不安が薄れてきます。

そこで、天才バカボンの言霊パワーの出番です。

「これでいいのだ!!」を声に出して言いながら、右腕を握りこぶしのまま振り下ろすワークを少なくとも3回やってみます。

3回言うと、しっかりと潜在意識にインプットされるからです。

今の状態は、偉大なる自分の魂さんが、生まれてくる前に、望んでいた体験を味わっているのです。自分が選んできた体験なので、今の自分を楽しみましょう！　楽しむ姿勢をいつも意識するように習慣づけてください。

いつも、皆さんにおすすめしているのが、「**不安がるより、面白がりましょう！**」という姿勢です。このスタンスを取り入れると、不安がなくなります。

不安になっても、すぐに切り替えられるようになります。

「これでいいのだ！」と力強く今の自分の状態を認められると、現状とのずれがなくて、自分のエネルギーとこの世がしっかりとつながっています。

この世での今の体験をしっかりと味わうことができます。それが自分の記憶野に残されていきます。しっかりと今の自分が体験と向き合っているので、エネルギーが強く、存在感もバッチリです。

そんなあなたに、これからなってくださいね！

お金も波動なのです

この世のすべては、波動です。
普段使っているお金も波動です。

紙幣は紙で、コインは金属で、通帳では、お金は数字です。

今までは、お金が強い存在として、世の中をまわっていましたが、そろそろお金の力が弱くなって、価値観が変わってきています。お金の波動が弱まると、自然に権力者がいなくなり、都会中心から、自然豊かな世界が中心に変わっていきます。自然が戻ってきて、輝いてきて、人々も自然が大切だと思い出して、自然界のすばらしさに価値を見出すようになります。

２００７年ころに、守護天使の桜ちゃんが、「啓子ちゃん、いずれ、銀行の預金は数字だけのものになるから、今のうちに癒しの拠点つくりをして、形あるものに変えておいたほうがいいわよ～」と教えてくれて、今の天の舞を作りました。その5年後に、宿泊型研修施設として、海の舞ができました。今から創るのは難しいので、やはり天使の言う通り、そのときがベストタイミングでした。守護天使は、私たちの偉大なる魂さんが生まれる前に書いた人生のシナリオに、今回の人生で体験したい内容を入れたものを先に読んで、タイミング良く教えてくれています。

今回のコロナ自粛中にも、10年たって薄汚れてしまった天の舞の外壁を濃いめのピンク色に塗り直すことができました。

塗り直しにかなりお金がかかるのですが、銀行通帳の数字でおいておくより、大事な天の舞を美しくお色直しして、波動アップしたほうがいいと思って、一度キャンセルしたのですが、またお願いすることになりました。とても有難がられて、安くしてくださり、とても丁寧なお仕事をしてくださいました。

外壁が新品同様になると、他も綺麗にしたくなって、どんどん波動アップ作戦が進んでいます。

しみじみと、お金を天の舞の波動アップ作戦にかけてよかったと思いました。

お金を銀行通帳の数字だけにおいておくと、やがて、経済変革で、銀行通帳の数字が、どうなるのかわかりません。きっとなるようになります。

今のうちに、上手なお金の使い方をしておきましょう！

本当に欲しいものは、そろえて環境を整えていきましょう！

こまめに、すばらしい活動をしているグループに寄付を直接することをお勧めします。

公の寄付は、すべて赤十字社が集めて、権力大好きチームのもとに行ってしまいますので、直接活動のグループに寄付するほうが確実に届きます。

お金もエネルギー、波動です。

活動資金として、寄付すると、そこが波動アップして、活発になります。

第1章で紹介したように、コロナ騒動のあと、コロナリセットとして、経済構造が大きく変わって、いよいよお金がいらない世界に地球がグレードアップしていきます。

太陽系の兄弟星の金星でも、アセンションのプロセスがあって、今の地球と似たような体験をして、今のような平和な金星があります。

アセンションする前の金星にも、お金があって、一握りの権力大好きチームが牛耳っていました。今の地球と同じでした。でも、金星人の一人ひとりが自分の内なる光やパワーに目覚めて、都会を離れ、自然豊かな世界で自由に生活するようになって、都会が崩壊し、権力大好きチームがいられなくなって、平和な世界を築くことができたのです。

アメリカ人の女性の身体にウォークインした、オムネク・オネクさんの本『私はアセンションした惑星からきた――金星人オムネク・オネクのメッセージ』（徳間書店）を読むと、しっかりそのプロセスが書かれています。

金星から来た応援団の魂たちは、すでに金星でアセンションプロセスを体験しているので、先を見通す力を持っています。

今頃気づいたのですが、お金の「金」と金星の「金」がシンクロしていますね！

「お」がつくと「お金」になりますが、取ると、金＝ゴールドです。

「金」は、権力の象徴でもあり、富の象徴、勝利の象徴にもなります。

金貨、オリンピックの金メダル、お相撲さんの金星、大好きな龍の金龍、そして、私たちの身体からも、魂が喜ぶと金粉が出ます。

先日も、魂がとても喜んで、両手、両腕にキラキラの金粉が出て、びっくりしました。魂が喜ぶとオーラがゴールドになります。インナーチャイルドがいるお腹からもピカーッとゴールドの光が出ます。

さらに頭頂部からも、天につながるようにゴールドが出て、まるで仏像の後輪のように輝きます。そういえば、仏像がゴールドに塗られているのは、内側からゴールドの光があふれて眩《まぶ》しい姿ですね！

それこそ、波動が一気に上がったときに、ゴールドの後輪が同心円状に広がるのです。最後は、白金＝プラチナになって、天とつながります。

金運の象徴として、金龍が重宝されますが、さらに波動が上がるとプラチナ龍が登場します。実際に芦ノ湖で、プラチナ龍が、目の前で立ち昇るのを見たことがあります。すばらしい眩しい光を放っていました。それから龍との密な関係が始まりました。

お金も波動です。空気と同じような感覚をこれから身に付けて、「自然に必要なお金は入る」と決めてください。空気と同じようにあまり日常で意識しないくらいがちょうどいいのです。

そして、お金の存在がなくなる前に、上手にお金を波動アップのために使いましょう！

婚活中の方は、ホテルで困らないための勝負下着に、自分を輝かせるファッションのために、さらに輝かせるクリスタルアクセサリーも大切です。自分をさらに波動アップできるように、上手にお金を使いましょう！

そこで、最大のお金の使い方をして、お金のない次の地球の世界へとステップアップしましょう！

ファッショナブルな金星人の目覚め

金星人よ！　目覚めてください！　あなたの出番です！

派手に磨きをかけて、どんどん目立って、ユートピアへのリーダーシップをとってください。金星からも、応援団として、３０００人くらい地球に生まれてきています。

そろそろその魂さんたちが、コロナ自粛で、自分を見つめる瞑想をして、地球を応援しに生まれてきた～と思い出すころです。

金星人が自分の役割に目覚めると、突然元気に活発になります。

金星人は、エンターテインメントが大好きです。派手好きです。ファッショナブルです。

睡眠の習慣がないので、あまり寝なくても活動ができます。

私も、金星に住んでいたことがあるので、そのときの習慣を地球でも最大に活用しています。

朝の支度をするときに、今日のテーマを決めて、それに合わせたファッションを選びます。ファッションいのちです。女優になった気持ちで、その日の主人公の性格を選びます。最近の診療日にも、「今日はラリマーファッションにする！」と決めると自然にお気に入りのピンクハウスの水色とサーモンピンクの花柄ワンピースを選んで、ラリマーというドミニカ共和国にしか鉱脈がない貴重な水色のクリスタルの大きなペンダントをします。それに合わせた、ブレスや指輪を選んで、最後は、イスラエルの博物館のお土産屋さんで見つけた水色とサーモンピンク色のカチューシャを付けて、完了です。トータルファッションが決まると、テンションが上がります。もちろん、波動も上がります。

その日の診療に、トラウマを解放する凄い人々がいらしたので、まさにラリマー大活躍の日でした。

診療にもたくさんのクリスタルを活用していますが、クリスタルもお金には代えがたい価値があります。地球の細胞で、私たちの魂の本質の光の色に関わっています。

実は、ファッションも、愛と笑いの過去生療法には、欠かせないのです。

解放する過去生の時代を象徴するファッションを着て、患者さんたちが来院するので、それも波動で感じながら、ぴったりのファッションを選んでいます。

その習慣も金星時代に身に付けました。
すべては意味があって、体験しています。

それぞれのユートピア担当地区で、過去に体験した才能を開いて、統合されたパワーで、大いに活躍してください！

自然に同じ仲間のソウルメイトと嬉しい再会をして、ソウルグループができます。お互いの波動が共鳴して、心地よい波動に包まれて、愛の循環が始まるのです。元金星人は、波動で仲間だとわかります。決して、べたっと寄りかからないで、自立したまま、心地よい波動を響かせ合って、お互いの得意分野を褒め合って、引き出し合うのです。仲間の波動が美しい音楽になって、さらに響き渡ります。その響きが、さらに金星人の仲間を集めて、ソウルグループに発展します。グループの力は、波動が倍増します。

「すべてはうまくいっている」の真理

「すべてはうまくいっている」という最強の言霊を、カニ踊りという楽しい方法で、診療の最後に、海に向かって元気よく唱えています。

講演会やセミナーの最後にも、全員で楽しく唱えるようにしています。

両手でピースサインをして、左右に二歩ずつ、「すべては」「うまく」「いって」「いる～」と、カニのように横歩きをしながら、最強の言霊を潜在意識にインプットしています。

以前、沖縄の与勝中学校で、保健師さんが本のファンで、全校生徒に講演を依頼されたことがありました。

そこに参加していた生徒たちが、中部農林高校の福祉科に進学して、私の授業で再会することになりました。

授業の最後にカニ踊りを伝授したら、その生徒たちが、「与勝中学で先生が講演したときにもやったことがある～」と覚えてくれていました。

いちばん伝えたい最強の言霊を、カニ踊りで覚えてくれていたことに、とても感動しました。

「すべてはうまくいっている」と断言して、言いきっていることで、言霊が最強になります。この思い方を土台にすると、本当に人生がすべてうまくいくようになるのです。というか、もともとうまくいっているのです。

私たちの偉大なる魂さんは、すでに知っています。

知らないのは、今回の人生から始まっている表面意識です。

表面意識が、宇宙の真理のエッセンス「すべてはうまくいっている」を知ることが大切なので、これを知らせる活動を地道にコツコツと続けています。

チベットでも、マニ車を回しながら、「すべてはうまくいっている」を唱えています。長いお経を唱える代わりに、「すべてはうまくいっている」を唱えることで、1回分に相当しているのです。

仏教は、宇宙の真理の教えです。

本当に、「すべてはうまくいっている」の言霊が、宇宙の真理のエッセンスなのです。なぜ、そう言い切れるかというと、宇宙が愛の波動に満ちあふれていて、本当にすべてがうまくいくようになっているからです。あふれんばかりの愛の波動に包まれて、私たちは、自分たちが体験したいことを、宇宙劇場で、味わっています。

こうやって、「宇宙のしくみ」について解説できることを光栄に思います。

「宇宙のしくみ」の根源は、相似象です。すべてが相似形になっていて、どの視点で見るかによって、大きさが違っていて、形は同じです。

宇宙を知るには、自分の身体をしっかり観察すると、わかりやすいです。

地球劇場で、いろんな体験をするのに、地球服を着る必要があるので、肉体をまとっています。地球の地上でいろんな体験ができるように、地球服は見事な構造になっています。

そして、太陽系の惑星と各臓器がつながっているのです。

心臓は、もちろん太陽です。太陽は太陽系の大切なところです。

心臓も地球服の中心にあたるいちばん大切なところです。

呼吸をする肺は、水星です。デトックスの肝臓は、木星ジュピターです。

そして、水代謝の腎臓は、金星ヴィーナスです。

スピリチュアルに大切な脾臓は、輪っかのある土星です。

あら、火星を忘れていました。どこでしょう？

なんと胆汁でした。臓器ではなくお汁？　微妙ですね！　でも、大好きな天ぷらや豚カツを食べたあとに、ジュっとお汁が出て、消化を助けてくれるありがたい存在です。

私たちが日々お世話になっている肉体の臓器が、ちゃんと太陽系とタイアップして、つながっていることに感動です。

そして、それぞれの臓器には、ちゃんと意識体があって、機能がうまくいくようになっています。

お風呂に入ったときに、体を洗うときに、透けては見えないけれど、心臓さん、肝臓さん、腎臓さん、肺さん、脾臓さん、胆汁さん、それぞれにありがとうと歌いながら、身体を抱きしめて「ありがとう、大好き〜！」を言ってあげましょう！　その感謝の波動が、臓器を通じて、太陽系の惑星にも響きます。

身体と太陽系がつながっていると思うと、楽しくなります。

大切な心臓は、胸の真ん中にあります。その奥に、魂があります。大事な魂の場所と心臓とハートチャクラが同じ場所にあります。

胸の真ん中に手をおいて、心臓と太陽を感じながら、できれば朝日の光を浴びましょう！　朝から波動がぐんぐんと上がって、その日の流れがとてもパワフルに、すべてうまくいくように流れます。

すべてはうまくいっている～！
パロディ版は、
すべってもうまくいっている～！

実は、宇宙のしくみは、シンプルで、奥が深いのです。

すべっても、実は、とってもうまくいっているのです！

大切なものは、中心で、くるくると回っています。

中心がドーーンと揺るがなければ、どんなことがあっても不動心を保てます。

中心が気持ち良く、くるくると回っている歌を作ってみました。

あなたのハートの中心に～
大事なものが回ってる～
くるくる、くるくる、くるくる回ってる～
太陽一緒に、回ってる～
ハートも、くるくる回ってる～
奥の魂も、キラキラ輝いて～
くるくる、くるくる、くるくる回ってる～
ピカピカどんどん回ってる～

中今ごきげんだと、自然に歌が出てきます。即興の歌です。
中今は、ハートの中心のところです。
そこが、いつもごきげんだと、本当にルンルンですべてはうまくいくのです。
中今ごきげんのワークを最近広めています。
両手を広げながら、ハートから元気よく「中今ごきげん～」を3回唱えてみましょう！

本当に、すべての不安が吹っ切れて、宇宙のかなたに飛ばされて、ルンルン元気いっぱいになります。

ぜひ、試してみてください。

「中今ごきげん〜」
「中今ごきげん〜」
「中今ごきげん〜」

はい、これで、バッチリ、すべてはうまくいきます！

今日もあなたは、すべてはうまくいっている〜

中今ごきげん〜

波動の秘密3

波動を上げるには、さりげなく、ゆるゆると〜

波動を上げたいと思って、あまりにもそれに執着すると、かえって、効果が出てきません。さらりと、さりげなく、ゆるゆるでいきましょう！

波動を上げるために、パワースポットを巡ったり、パワーいっぱいのクリスタルをゲットしたり、瞑想したり、自分の目標となるような人の本を読んで会いに行ったり、やりたいことをしたり、いろんな方法があります。

あなたの、好きな方法で、波動をぐんぐんとあげましょう！

この本の原稿を書きながら、大好きな「レムリアン・カード」を引いて楽しんでいます。

自分の好きなカードを引くことも、自分の魂さんとの対話になります。

今日は、「7のシェイプシフター」というカードでした。

「**変わりましょう。美しい大変容のときです**」と素敵な言霊が書かれています。

7という数字がすでに、相似象では、ナナヨツギと言って、変化を表わしています。

人間関係や仕事が変化して、人生に新しい喜びと愛を与えてくれます。

私たちは、日々いろんな体験をして、進化・成長しているので、新しい自分にふさわし

いものを引き寄せるのです。

しかも、「美しく変容する」というフレーズが素敵です。

睡眠リズムが変わったり、食べ物の好みが変わったり、別の次元にシフトができるようになったり、楽しい変化が起きてきます。

私も、ハワイで野生のイルカと泳いでから、すっかり朝型に変わりました。

昔、イルカだったことがあるので、イルカの意識に戻って、楽しく変容できたのでしょう！

私たちは、コロナのおかげで、いろんな気づきがあり、本当の自分に目覚めることができました。

実は、**本当の自分に目覚めることが、いちばんの波動アップ**なのです。

レムリアの時代は、５次元まで、アセンションできて、愛があふれている人は、シェイプシフトができたそうです。鳥になって空を飛んだり、イルカになって海で遊んだり、それを聞いて、あっ、自分もやっていたと、思い出しました。

東京時代に、フィージー島に行ったとき、船に乗っていたら、レムリア時代を思い出しました。レムリアで女性だったとき、イルカになったり、白い鳥になったり、自由自在に変容して、楽しんでいました。

レムリアン・カードには、イルカではなく魚に変容したとありますが、自分は大好きなイルカに変容したと思います。もちろん、何に変容するかは、自由です。

素敵に変容〜

素敵に変よ〜

と、すぐにギャグを作りたくなります。

せっかく、コロナリセットで、大変容が可能になりました。個人も社会も地球自体も、美しく大変容しましょう！　今がそのときです。

あなたは、こよなく美しい！

あなたは、すばらしい魂です！

健気にいろんな体験をするために、たくさん生まれてきました。

そして、今回の人生がハイライトです。

コロナリセットのあと、あなたがずっとなりたかった美しい自分に大変容できます。おめでとうございます！

今がベストタイミングです。

そして、その大変容を促す、大好きなソウルメイトに再会します！

お互いに大変容して、美しくなりましょう！

愛が共鳴して、お互いがギフトのような、素敵な出会いが起きて、愛の循環でさらに愛の輪が広がります。

そのために、いろんな体験をして、乗り越えてきました。

この美しい大変容のために、今回地球の日本に生まれてきました。

今のあなたがいちばん美しいのです！

楽しくシェイプシフトしましょう！

波動の秘密4
波動は、同じ振動に寄り添っていく

私たちが、あの世の光の世界にいたときは、同じ周波数の魂が同じ空間で光っていました。とても平和で、穏やかで、幸せな日々でした。

もっと自分を知りたくて、もっといろんな体験をしたくて、わざわざ、この世まで、降りてきたのです。この世は、いろんな周波数の魂たちが混ざって体験しています。あの世ではあり得ない光景です。最初は、びっくりして、泣いたり、ぐずったり、わけのわからない人々のところへ行きたくなくて、保育園を拒否したり、不登校になったりしました。

社会人になると、さらに、ハードになって、四苦八苦してきましたが、いよいよそれも終わりに近づいています。

同じ振動数の魂同士が引きあって、寄り添っていく流れが強くなっているからです。

過去生療法セミナーで、ふと懐かしい参加者さんを見て、思わず「イタリアであなたの肖像画を描いたことがあるわ～」と口走ってしまったことがあります。

その女性がクリニックに受診に来たときに、「あなたは、モナ・リザのモデルの女性でした～」と解説していて、びっくりポン！

誰かの弟子が描いているイメージが出てきたので、レオナルド・ダ・ヴィンチの弟子がモナ・リザを描いたの？　と混乱しましたが、彼女が何度も見たという宝塚歌劇の演目の『異人たちのルネサンス～ダ・ヴィンチが描いた記憶』をＤＶＤで見せてもらって、解明しました。ダ・ヴィンチはフィレンツェのヴェロッキオという画家&彫刻家の弟子だったのです。

弟子のレオナルドのほうが優秀で、メディチ家からの依頼で、カテリーナという美しい女性の肖像画を描くことになりました。ＤＶＤを見て、カテリーナ役の女優さんがクリニックに来院した女性にそっくりだったので、それにもびっくりしました。

モナ・リザのモデルの女性だったという内容にもびっくりしましたが、48年間も宝塚歌劇のファンで、テレビをつけると「異人たちのルネサンス」という演目を見ることが5回もあったので、何か縁があるはずと思ったらびっくりの謎解きになりました。しかも、モナ・リザを描いたのが自分だったということは、自分がレオナルド・ダ・ヴィンチだということになり、たくさんのケースを見てきた私も、さすがに、ビビッてしまいました。

確かに、ゴッホのエネルギーを３％持っていて、それを最大活用して、たくさん絵を描いてきました。今もカタカムナウタヒ80首を絵に描いて謎解きをする挑戦を続けています。

地道に描いてきて、第43首まで描きました。

第40首の絵は、とてもスペシャルで、描き終わった絵がちょっと地味だったので、その絵の下絵にマゼンタ色の古代蓮の花を描き足すという前代未聞の技法を使って、描けてしまいました。そのときに、いったい自分は過去にどんな絵描きだったのかと不思議に思ったからです。

おそるおそる守護天使の桜ちゃんに聞いたら、

「そうよ、レオナルド・ダ・ヴィンチのエネルギーを５％持っているわよ～だから、マルチにいろいろ活動できているのよ～」

とサラリと返答があって、びっくりしました。

これは、とても恐れ多くて、本に書けないと思っていたのですが、結局のところ、私自身がびっくりしている様をそのまま書くことにしました。

宝塚の劇の中では、レオナルドの胸の中で、「これで私も自由になれるわ〜」と笑顔で亡くなるシーンがあります。

彼女が、セミナーで、「自由だ〜」を叫びながら楽しそうに踊っていたのを思い出して、納得しました。今回の人生も囚われの身から脱出して、自由になる人生のシナリオだったからです。

彼女が、今回の人生で、モナ・リザのモデルだったカテリーナを思い出し、さらに蘇って、羽ばたいていくためにも、この本で紹介することにしました。これもシンクロですが、レオナルド・ダ・ヴィンチの母親の名前もカテリーナでした。

マリー・アントワネットのエネルギーを2%、ゴッホが3%、そして、レオナルドが5%、さらに、この章の最初に紹介した、琉球王国の尚徳王のエネルギーが、なんと25%もあるのです。だからこそ、汚名を晴らしたかったたし、やり残しをしたくて、衝動行為で、沖縄に移住してきました。

あなたにも、同じような振動数の人が寄り添ってきますように！

第3章

意識・無意識・潜在意識

「意識」が、現実界に影響を与えるしくみ

第2章で、すべてが波動であることを解説しましたが、意識について、そして祈りについてのしくみも、ここで解説しましょう！

ヒーリングセミナー用に作った「ヒーリングブック」の最初の1行目に、「**人間は本来、光そのもの、エネルギー、意識です。**」と大きな太文字でドーンと登場します。

意識とは、「自分が今、何をやっているのか、どんな状況かを自分でわかる心の動き」とされています。

私たちは、いつも何かを意識しています。

自分で今やっていることがわからないのを「無意識」といいます。

「無意識」の行動は、自分でわからずに動くことです。でも、話しかけるとハッと我に返ります。身体はちゃんと動くので、気づけば大丈夫です。

「無意識」になるときは、意識が今ここになくて、別の世界に意識が飛んでいます。過去か未来か、時が違う場合と、場所が違う場合、さらには時空が違う場合があります。

ぎりぎり、今の場所で、何とかいつもの活動ができるのは、意識が25％以上肉体に残っ

ているときです。それ以下になると、いつもの活動は難しくなります。あとの75％がどこにいるかを魂さんに聞くと教えてくれます。

クリニックでのケースを紹介して、解説してみましょう。

中学生の男の子が母親と一緒に来院したとき、まったく勉強できずにゲームばかりやっていました。両親が離婚協議中で、母親のところに引き取られましたが、突然父親のところに無意識で行ってしまって、しばらく過ごしてから戻ってきました。

そのときから別人のようにボーっとして、乱暴になり、弟をいじめるようになりました。ヒーリングをしてみると、彼の意識の70％がまだ父親のところにいて、父親のエゴモンスター（本当の自分ではない偽りの自分で、モンスター化して暴れやすい）のエネルギーを引き寄せてしまっていました。それで暴れるのです。

今肉体があるところには、30％しか意識がないため、勉強に集中できないのです。ゲームをやるのが精一杯です。

父親が寂しがっているからという優しい気持ちから、無意識にそちらに行ったのですが、やはり居心地が悪くなって戻ってきたのです。そのときまた彼の優しさで、つい自分の意識の70％を父親のところに残してきてしまいました。

アロマのティートリーで、彼の70％の意識を肉体のあるところに戻しました。**ティート**

リーの香りは、意識を肉体にはめる最強の働きがあります。

意識を肉体に戻すクリスタルは、パイライトとヘマタイト、アメジスト、クリアクォーツなどがあります。クリスタルは、ブロックのエネルギーを吸収する働きがあります。

パチーンとゴムがはじけるような感じで、すっと意識が戻ってきて、うつろだった目が輝き出しました。それから明るく元気になり、弟とも仲良く遊べるようになりました。

「お父さんのそばに行ってあげるなんて、本当に優しいのね〜」と認めてあげると、嬉しそうにインナーチャイルドが喜んでいました。

子供たちは、かなり大人の事情に気づいていて、自分なりに力になろうと必死になっています。そのとき、うっかり意識を気になるところに残してきます。

彼の優しい気持ちを見逃さずに認めてあげると、理解してもらえたと、とても喜んで、インナーチャイルドが癒されて落ち着いてきます。

あなたも、心ここにあらずで、気になっているところに自分の意識を残しているかもしれません。

意識が肉体からずれたときに元に戻すアロマは、ティートリーの他には、ローズマリー、ペパーミント、伊集ぬ花などがあります。アロマは一瞬で脳幹に波動が伝わるので、意識に働きかけるのです。

好きなものと波動が共鳴する

私たちは、意識がどこに集中しているかで、意識の状態が変わります。

人気歌手に意識が集中して、熱烈ファンになって、コンサートで、自分のほうばかり見てくれているのは、きっと過去生で特別なつながりがあるからだと思って、クリニックに謎解きに来る方もいます。

ファンレターを送ったら、その内容を土台にした新しい歌が生まれたと、とても喜んでいたりします。

本当にその人気歌手の方がそのファンレターを読んで、インスピレーションをもらったのかもしれません。確かめようがないのですが、彼の意識の中に、そのファンの方のファンレターが入ってきたので、もしも直接は読んでなかったとしても、意識領域には確実に入ってきたので、波動として読み取っていると思います。

コンサートやライブで、ミュージシャンがファンの人々と交流するのは、とても大切なことなのです。お互いが波動の共鳴を起こして、すばらしい響きを発信していきます。ファンは、ミュージシャンから元気パワーをもらい、ミュージシャンは、ファンの波動から次のクリエーションのヒントをもらえます。

歌は特に、歌詞とメロディーと楽曲の演奏とが総合的に合わさって、波動として人々に伝わります。


私は講演会をずっとやってきていますが、何を話すかは決めないで、参加してくださる方々の意識に合わせて、それを読み取って、話をしています。

お互いの意識を読み取って、意識のキャッチボールができるとすばらしい感動的な講演会になります。

参加者さんから「私のための講演会だった」という感想が頂けたら、それができていることになります。

意識も循環できるのです。

自分が今やっていることがわからず、まったく動けない状態を「意識不明」といいます。話しかけると、魂には通じていると思いますが、身体を伴う反応はありません。

こんなときに、アロマが役に立ちます。

ティートリー、ローズマリー、ペパーミント、ラベンダーなど、辛い系のアロマが、意識を戻すのに活躍します。

私も、甥《おい》が意識不明になったと電話があったとき、すぐに、ティートリーとラベンダーの香りを自分が嗅いで、アメジストとクリアクォーツを手に持って、意識が戻るように話しかけながら、遠隔ヒーリングで愛をたくさん送りました。

10分後に、意識が戻ったと連絡があって。ほっとしました。

意識不明になっていても、アロマは、鼻から脳の奥の脳幹に波動が瞬時に伝わって、心地よい刺激が意識を覚まさせるのです。

担当医は、何が起きたのか理解不能で、おろおろしていたそうですが、すぐに退院できました。その後もアメジストが大活躍しました。

意識を肉体に戻したいときに、ティートリーとアメジストを心に留めておいてくださいね！

意識と脳の関係

意識と脳は、別次元のようでいて、とても親しい家族のような関係です。意識不明でも、脳は活動しています。

逆に、脳死でも意識が活動しています。それぞれが補い合っています。

脳死30分を体験した、彗星研究家の木内鶴彦さんは、その30分の間に意識があって、家族と医師が話している内容も聞いていました。さらに意識は病室を出て、時空を自由にさまよって、いろんな体験をしています。

木内さんの著書『生き方は星空が教えてくれる』（サンマーク出版）からのエピソードをお伝えします。

木内さんが、いちばん気にしていた6歳のときの不思議な体験を確認したくて、そのときを強く思ったら、すぐに時空を超えて、そのときに移行しました。

お姉さんと山を歩いていたら、大きな石が落ちてきたとき、上のほうから「危ない！」という声がして、思わずお姉さんを突き飛ばして、軽いケガだけで助かったというエピソードです。

確かに声が聞こえたのに、まわりに誰もいなくて、証明できなかったくやしさから、その声の主を確認したかったのですが、臨死体験の間に意識が自由に動いたときの自分が思わず発した言葉だったことがわかったというのです。

将来、臨死体験をしたときの**未来の自分の声が助けた**のです。

今の自分が過去の自分に話しかけることがあります。意識でつながっているのです。

私も未来の自分の声を聞いたことがあります。いつもの守護天使の桜ちゃんでもなく、いったい誰からのメッセージ？　と思ってその声に聞いてみたら、「未来のあなたからよ～」と衝撃的な答えでした。とてもいい声だったので、うっとり幸せでした。

話を木内さんの大切な臨死体験に戻します。

さらに、「宇宙のはじまりを見たい！」という好奇心が湧いてきて、強く思ったら、本当に宇宙のはじまりに意識が飛びました。

そこは「膨大な意識」で、そこにひずみができて、エネルギーが生じ、渦が生まれて、最初の元素の水素が生まれました。

ガス状の水素が引きあい、反発しながら、極限まで成長して、大爆発を起こします。これがビッグバンだったのです。

これを知りたかったので、読んでいてわくわくしました。それで、この本でも紹介したくなりました。

膨大な意識に、個としての意識が飲み込まれそうになるそうです。

そこで、個を失わないために、木内鶴彦の意識を保っていたそうです。

私も時々、自分を失いそうになり、「そうだった、まだ越智啓子だった」と思うときがあります。

多次元的に生きていると、だんだんそのような我を忘れる面白い現象に遭遇します。個の意識は、低い波動のときには、とても感じやすいのですが、高い波動になってくると、だんだん薄れてきて、自他の区別がつきにくくなります。高い低いと言ってもいい悪いとは違います。

食べたり、飲んだり、生命維持活動をすると、意識がこの世の自分に戻りやすいのです。特に、感動体験をすると、「ああ、生きていてよかった〜」＝「この世に来てよかった〜」と思わず言いたくなります。これもパチーーンと自分の肉体に戻ってきます。

そのためにも、どうせ食べるならば、美味しいものを、どうせ着るなら、自分が好きでテンション上がる服を、と快楽に走りましょう！

これから、**私たちは、どんどん少食になって、食べることが人々との交流のときだけになってきます。5次元にアセンションすれば、自動的に食べることも減ってくるのです。**

1日1食を楽しく美味しくいただきましょう！

生活のために働くこともなくなり、週3日くらい自分の好みで、働くことを楽しむようになります。コロナリセットの後、これからその移行期に入ります。

潜在意識を波動で癒す

地球服の脳は、スペシャルな存在です。まるで、司令塔のように、全体を把握して、瞬時に伝令を送って、すべてうまくいくように調整しています。


意識といえば、私は、仕事上、潜在意識と顕在意識を思い浮かべます。

潜在意識は、今までの魂の歴史で、思ったこと、感じたことすべての意識の集積です。

もちろん、過去生の記憶が入っています。

顕在意識は、表面意識とも呼ばれていて、今回の人生からスタートした、思いや感情の集積です。過去生の記憶は入っていません。

とくに潜在意識は、今まで表現されずに残してきた感情がたまっているところです。場所的にどこ？　と思っていろいろ調べたら、身体の外側の8〜10cmのエーテル体のところにあたることがわかりました。

エーテル体をヒーリングすれば、たまっていた感情を解放することができるので、アロマを嗅いで、クリスタルを両手に握ってもらって、ハンドヒーリングとヴォイスヒーリングをしながら、エネルギー治療をすることを思いつきました。ヒーリングは、波動で癒すことになります。

しかも両手で相手をはさみながら、シュッシュッポッポのように縦に回します。手から出る愛のピンク光線が右回りで、相手のエーテル体に入り、たまっている感情のエネルギーを潜在意識であるエーテル体から引き出して、包むようにしながら、今度は、左手が相手の胸側を左回りで、身体の前から出ていくのです。

出ていくときに、白い煙のように見えることがあります。

セミナーで、時々、私と同じように見える不思議ちゃんが参加していると、白い煙が見えると言ってくれて、私の不思議度が薄まります。

祈りは、意識の行動

祈ることは、意識の行動です。

意識すると、現実が変わるのは、こちらの意識を相手の意識に合わせることで、振動数が高まり、相手の波動が高まって、いのちが活発に動き出すからです。

祈ることを習慣にしている人の祈りは、とてもパワフルでその通りになります。

祈りは、私の得意分野です。

私は、難病を乗り越えながら、医師への道を歩んできたので、子供のときから必死で祈ってきました。祈りが習慣になっています。

祈りながら、いくつものハードルを乗り越えて今があります。

そして、祈りの習慣が身について、日々祈り続けています。

高校生のときに、五井昌久先生の世界平和の祈りに縁ができて、ますます祈ることが楽しくなりました。さらに一人ではなく、いろんな人々と大勢で祈る感動も体験しました。

一人でもパワフルですが、大勢で祈るとさらにパワーアップします。

インドで創立された、TM瞑想で、祈りの力が実証されたことがありました。

1972年の実験で、15分の瞑想で、ニューヨークの犯罪が統計的に有意的な減少、平均8・2%の減少が見られたのです。

アメリカ、ミズーリ州で、医療に祈りが組み込まれています。

実験的に、1000人の患者さんたちを対象に、祈るグループと祈らないグループに分けたら、やはり、祈ったグループのほうが、10%も回復が早かったそうです。

条件をそろえるために、患者さんたちのことをまったく知らない人々に祈ってもらいました。これが、**知り合いや家族、親しい友人の場合は、さらに祈りの力がパワーアップするる**と思います。その人を知っていることで、もっと愛が出やすくなるからです。

私にとって、祈りは日常生活に欠かせません。

２０２０年8月15日、平和祈念日（終戦記念日）にちょうど、ライブ配信で30分間の元気が出るメッセージとワークを皆さんに届けました。

見ている１８５人の人々とライブで、平和の祈りをしました。

２００人いかなかったと思いましたが、１８５という数字の意味に、8月15日を並べ替えていると宇宙の遊びにびっくりしました。

最初に、「アマテラスのマントラ」を唱えてから、そのあと合掌しながら、

沖縄・琉球が平和でありますように
日本が平和でありますように
地球が平和でありますように
太陽系が平和でありますように
宇宙が平和でありますように
ありがとうございます
ありがとうございます

と、唱えました。祈りは、一人ひとりの波動が共鳴しながら、言霊となって広がってい

きます。**愛の波動は、真上に上がって、弧を描きます。光のドームのようになります。**波動の高いところから発するとさらに高くまで上がって、弧を描いて虹のように広がります。

特に発信したところが、祈り込んでいて波動が高くなっている、海の舞のイルカホールなので、その波動が中心にあって、一緒に祈った人々が全国にいるおかげで、日本のあちこちにまで、愛の平和の祈りが浸透していきました。

ちょうど、日本の大浄化が始まっているので、とても大切な平和の祈りになりました。

皆さんがいるところが、ユートピア担当地区です。

祈りは、意識の行動なので、確実にその瞬間伝わります。祈りを受ける側で時間を見ていて、どんぴしゃ祈った時間に温かい癒される感じがしたので、本当に祈りが通じていると確信したことがありました。

妹の手術に駆け付けられないと、アメリカに留学中の兄が必死で祈ったら、その祈りが通じて手術前に妹のがんが消えて、手術が必要なくなったというすばらしいエピソードを、遺伝子博士の村上和雄先生の本で読んだことがあります。

祈りは、直接意識に働きかけるので、奇跡的な変化が起きるのです。

祈りの最大値の体験は、**３・11の直後に、陸前高田に行って、時空の歪みを修正する祈**

りでした。とても一人ではできないことですが、緊急メルマガ号外で2万人の人々に、安心できるようなメッセージを配信していたので、メルマガ会員にお願いして一緒に祈ってもらいました。

高台にいて、津波から奇跡的に免れることができた親友の天久こゆ喜さんと彼女の天使学校の生徒さんたちと一緒に祈りました。跡形もなくなってしまった陸前高田に立って、茫然としながらもインディアンのメディスンホイール（石や枝で丸十字を地面に作る）を柱や土台の石のかけらを涙ぐみながら拾って、作りました。

インディアンのスネークダンスを踊りながら、場を整えて、インディアンのパワフルなクリスタルワンドを持って、アマテラスのマントラを唱えました。

いよいよ、平和の祈りです。

アマテラスのマントラは、神戸の阪神・淡路大震災のあと、天から降ってきたマントラなので、確実に光の柱が立つのです。そのときもびっくりするほど光の大きな柱ができて、まだ光に帰っていない御霊がたくさん、天に昇っていきました。

それと同時に、歪んでいた時空がふにゅーんと元に戻ってきました。ふにゅーんという表現は、初めて書きますが、本当にそんな感じでした。

祈りが確実に、光の柱となって、その場の浄化をしていることを体感しました。

貴重な体験です。

アマテラスのマントラは、前著『無限のゼロ・パワー』にも紹介しましたが、また、新しい方も読まれるので、ここでも紹介します。これを唱えると、どんな人でもどこでも、光の柱が立ちます。メロディーは、ぜひ Youtube のライブ配信で、5月3日と8月15日のを見て覚えてください。

◎アマテラスのマントラ

アマテラス、天地の（あめつちの）
光満つ、地に降りて、
カムナガラの道、今開かれん
ア～オ～ム、ア～オ～ム
ア～～オ～～ム～

これから、本格的に日本を中心として、平和な時代をぐんぐんと作り上げていきます。

たくさんのいろんな宇宙人たちの宇宙船が地球を見守りに来ていて、大浄化と大きな経済変革を応援してくれています。

そのためにも、祈りは大きな役目があります。

日々の生活に祈りの習慣をつけましょう！

先ほど紹介した平和の祈りで、最初のフレーズを、ご自分のユートピア担当地区に替えて、唱えてみてください。

あなたが、東京におられるなら、東京が平和でありますように、からスタートして、あとは同じです。

もちろん、ご自分流の祈りの内容でかまいません。

祈ることで、自分の意識がはっきりと目標が定められて、より日常生活の流れがスムーズになります。

今日から、平和の祈りを好きなタイミングで、唱えましょう！

恋も意識の行動

もう一つ、意識の行動で大切なのが恋、恋愛です。

大好きな人のことを思っていると、その人のところに意識が飛びます。

あなたも恋愛したときのことを思い出してみてください。ぼーっとしている状態のときに、気になっているところに意識が飛んでいるのです。ずっと思っていると、そこに意識が行きっぱなしになっています。

お互いに思っているときは、助け合う素敵な愛の交流になります。

ただ、愛が激し過ぎると、そのエネルギーの交流でヘロヘロになって、睡眠リズムがおかしくなってしまいます。

元金星人なら睡眠があまり必要ないので耐えられますが、そうでない魂は疲れてしまうので、しばらく距離を置いて、それぞれが態勢を整えて、リセットが必要です。

お互いのリセットが終わって、落ち着いてきたら、ハートから愛のエネルギーがあふれ続けるので、宇宙とつながって、とても元気にすべてがうまくいくようになります。

だから、恋をすると、世界がバラ色に変わるのです。

自分のハートから持続して、愛のエネルギーがあふれ出るので、愛に包まれて最高に幸せな状態になります。自分もまわりも大好きになって、自分もまわりも許せるようになります。とっても寛容になるのです。

自分の意識が無限大に広がる感じがたまらなく嬉しいのです。

もし、あなたも誰かに恋をしたら、それを否定しないで、育ててください。

恋をすることは素敵な体験です。

一気に波動が高まって、思いがけない素敵な世界に突入できます。

恋は、祈りと同じく、意識の行動です。

恋すると、毎日が濃くなります。恋だから濃いのです。

恋は、相手の意識の中に自分と同じ周波数を見つけて、溶けあいたくなる衝動です。強く自分を感じたくて、エネルギーを重ねたくなるのです。

まるで、合わせ鏡を見つけて、映し合っている感じです。

平安時代は、恋がとても盛んでした。

恋の和歌を交換しあって、それだけで燃え上がり、恋が芽生えて、付き合うようになります。当時は電気がないので、薄明かりの中、あまり顔を見ないで、ラブラブに突入します。

顔よりも、肉体美よりも、和歌にあふれる意識が大切な時代でした。

どんな地球服を着ているかよりも、意識が大切なのです。

恋文、ラブレター、そして今はメールで交換します。メールのやりとりだけで、恋愛、結婚に発展することもあります。現代は、まるで平安時代の再来です。

意識の時代になってきたのです。

意識の働きが最強になってきています。

無意識に流される時代が終わりました。

自分に目覚めて、意識して行動していきます。

自分が自分の人生の主人公になるのです。

もう誰かの命令で動いたりしません。

本当の自由を取り戻すのです。

権力とお金が大好きチームにありがとう、さよならをして、自分の主体性を取り戻すのです。

母親との葛藤で悩んできた方は、コントロールマザーからの卒業です。

職場で、押さえつけてくる上司ばかりに出会う方は、パワハラの上司からの卒業です。

自分の中の奴隷根性にさよならして、自立するのです。

権力者と奴隷のゲームが終わります。ゲームセットです。

「自由だ！」「自由だ！」と叫んでお祭りのように踊ります。

今、本を置いて、「自由だ！」と叫びながら、好きなように踊ってください。

自由祭りです！

あなたが待ち望んでいた自由な日々がやってきます。もう誰かに縛られることはありません。
あなたは自由なのです。
好きなように生きていいのです。
「自由だ音頭」を踊りましょう！
沖縄でのヒーリングセミナー中に、思いついたとても楽しいワークです。
「自由だ～！」「自由だ～！」「自由だ～！」
を唱えながら、好きなように踊って、はねてください。
きっと、お腹のインナーチャイルドが大喜びして、とても元気になります。
偉大なる魂さんも、喜びで、ゴールドの光を放って、あなたの輝きが増します。

ウイルスも波動？　感情も波動？

ちょうど、この本を書き始めたときは、新型コロナウイルス騒動の真っ最中でした。
コロナのおかげで、地球全体が変わりました。
第2章でもふれたように、私たち人間の活動が中止されて、経済は落ち込みましたが、
大気汚染が減少して、河川も海もとてもきれいになりました。

大変なこともちろんありますが、いいこともたくさん感じるようになりました。

マスクをするというエチケット的な新しい習慣は、苦手ですが、大好きなバラの花のマスクのおかげで、マスクファッションにわくわくしています。

コロナのおかげをしみじみ感じるこの頃です。

実は、ウイルスも波動です。

ウイルスは、物質と生物の中間的な存在です。とても小さいです。

もちろん、**意識も持っています。**

万物すべてと話をする私は、コロナウイルスとも話してみました。


私：「あなたがいちばん欲しくて、でも苦手なものは何？」

コロナちゃん：「もちろん愛よ。愛が欲しいけど、**愛をもらうとすぐ溶けて消えてしまうの**」

私は、すぐに試して、投げキッスをしたら、本当にジュッと消えてしまいました。もっとお話ししてからにすればよかったです。

でも、本当に、投げキッスで愛を送ると、コロナちゃんはジュッと消えます。

それを、皆さんに伝えたら、さっそくまねしてくれて、不安がスウーっと消えて、安心の笑顔になりました。

安心の笑顔がさざ波のように広がると、とても気持ちよくて、幸せになります。

小さすぎて見えないウイルスちゃんを不安に思い始めると、さらに不安が増してきます。

不安という感情も、波動です。

予想通り、不安の波動は低いです。

最初は、さりげない感じで、ふわっと不安を感じます。

不安が不安を呼んで、同じ不安を持つ人を引き寄せて、その不安を熱く語ってしまい、さらに不安が強められます。不安のことを話しているテレビのニュースや新聞の記事をつい目にして、見てしまいます。引き寄せです。

不安に駆られると押しつぶされそうな気分になって、不安は大きくて重いと思いこんでいます。ところが、第2章で不安について詳しく解説したように、**とても軽くて、実体があまりなくて、まるでピンクの綿あめのようです。**

ふわふわとして、べとべとと口のまわりに付いて、甘くて、とろけます。

不安もふわふわとして、べとべとと自分にまとわりついて、甘い声でますます不安になるようなことを囁《ささや》いてきます。

その声は、本当の自分ではない偽りの自分、エゴモンスターです。私も子供時代からずっとエゴモンスターのささやきに悩まされてきました。それに加えて、霊ちゃんも仲間入りするので、安心な状態がほとんどありませんでした。

「みんなは、何も見えなくて、いいなぁ～」とこの世でない幽界（この世よりも波動の低い世界）の世界が見えない普通の人々がとてもうらやましかったです。

いわゆる霊媒体質と呼ばれる、霊的に敏感な体質のため、いろいろ見えていました。

今も必要なら見えますが、以前ほど、霊ちゃんや妖怪さんや魑魅魍魎《ちみもうりょう》が見えなくなって、とても楽です。

妖精、天使、龍、宇宙人など、楽しい存在はよく見えるので、それは嬉しいです。

霊媒体質は、卒業できます。

「私は、霊媒体質を卒業します！」と決めてください。きっと決めるときが、お役目が終わるときです。

自分を嫌いになると意識が肉体から離れてしまう

霊媒体質の人は、「光の仕事人」をしています。

「光の仕事人」とは、自著の代表作『人生のしくみ』に初めて登場した、私が勝手に作った言葉です。必殺仕事人がヒントなので、いつもギャグで新しい門が開きます。しかし、西欧では、とっくに英語でlight workerという言葉が存在していました。日本でもそのままライトワーカーと記載されていましたが、微妙に異なる純和風の響きがする言霊の「光の仕事人」を思いつきました。

「光の仕事人」は、自分の光を供給して、亡くなってもこの世で迷って、光に帰らないでいる霊ちゃんたちが、ちゃんと光へ帰れるように手助けをする人です。

軽い症状では、不眠、耳鳴り、だんだん重くなるとうつ病や統合失調症の症状になります。肉体から意識がずれることで、起きてきます。

それだけでなく、**自分を嫌いになると意識が肉体から離れます。**

そう言えば、私が霊媒体質のときは、ずっと自分のことが嫌いでした。

私は、先天異常を持って生まれ、母親から「産むんじゃなかった」と言われていたので、自己否定が強かったのです。「みっともないから一緒に歩けない」と言われました。自殺未遂を7回もしましたが、毎回守護天使に邪魔されたのです。

天使が見えるだけに、「なぜ邪魔するの？　天使は応援のためにいるのじゃないの？」と、天使に聞いても、「まだ寿命じゃないの。啓子ちゃんの人生のシナリオには、ここで邪魔するって書いてあるの」と残念な返答でした。

母に認めてもらいたくて、愛して欲しくて、必死に勉強して、医師になりました。まさか、こんなにユニークな精神科医になるとは思ってもみませんでした。

奇跡的に、少しずつ友達もできて、だんだん、自分のことを受け入れて、自分が好きになってきました。

自分が大嫌いだと、波動はとても低くなります。内なる光から光が出てこなくて、暗い表情で、暗い性格を表現します。もちろん、人を寄せ付けないので、友達はできにくいです。

暗くて波動が低いと、光へ帰りそびれている霊ちゃんから見えるようになって、「そんなに自分が嫌いなら、その肉体を貸してね〜」と近づいてきます。

同じブロックがあるところに憑いてきます。そこが重く感じるようになります。

責任を果たせなかったと思い込んで亡くなった霊は肩に、男女関係の問題を抱えて亡くなった霊は腰に、お金の問題で亡くなった霊は、首にまとわりつきます。同じく首にまとわりつく感情は、妬みと嫉妬です。波動的には低いです。

特に嫉妬の波動は、蛇状になって、ロープのように絡んできます。のどのチャクラをふさぐので、本音を語れなくなり、歌えなくなります。

過去生が歌姫だったのに、のどが詰まって歌えない人がクリニックにいらしたことがあって、妬みと嫉妬のロープ状の感情のエネルギーを解放したら、のどが楽になって、カラオケを楽しめるようになりました。

怒りと悲しみは、この世で生きるための大切な感情

怒りの感情は、波動的には、意外にもそれほど、低くないのです。

怒りは、自分が不当な扱いをされたときに、出てくる自然な感情なのです。

びっくりしましたか?

一世を風靡した『神との対話3』に、**今生で、解放したほうがいい感情は2つ、羞恥心と罪悪感**だと書かれていて、びっくりしたのを今でも覚えています。

てっきり、怒りと悲しみかと思ったら、まさかのフェイントでした。

怒りと悲しみの感情は、この世で生きていくための、大切な感情だったのです。

ですから、波動的には、低くありません。むしろそのときの状況では、高い波動の怒りが表現されることもあります。

大人気テレビドラマ『半沢直樹』を見ていると、弱者の怒りを代弁してくれている怒りの表現が凄いです。社会悪と戦う姿勢に感動します。パワハラで悩んできた人々は、見て

すっきりすると思います。

悲しみは、愛する人を失ったときに、涙とともに癒されます。安心できる居心地のよい場所で、泣くことができます。

もし、あなたが、誰かをリラックスさせて、悲しみの涙を流すきっかけを与えることができたら、あっぱれです！　すばらしいことです。

羞恥心は、行動を起こそうとするのを止めてしまいます。

罪悪感は、大切なハートをふさいでしまうので、人々とハートを開いて交流することができなくなります。ともに、解放しておいたほうが、楽しく体験できるのです。罪悪感の解放には、オレンジの花のネロリや沖縄の伊集ぬ花の香がおすすめです。

感情も波動なので、アロマで瞬時に、潜在意識から宇宙へ帰っていきます。

その即効性に魅せられて、クリニックでのエネルギー治療に活用しています。

クリスタルも同様です。こちらも両手に握ってもらうと、瞬時にブロックのエネルギーが吸収されて、背中の潜在意識にたまっている感情が一気に解放されます。その様子をずっとクリニックで見てきましたので、地球の細胞であるクリスタルを通じて、地球さんが波動的に癒してくれていると思うと本当に感動です。

感情が潜在意識にたまっていて、それを解放するプロセスでいろんな体験ができています。起きてくることには、すべてに意味があります。

偉大なる魂さんが、今生で、体験したいことを引き寄せています。だから、誰も被害者はいなくて、すばらしいチャレンジャーなのです。

ハードルが高いほど、見事なチャレンジャーです。

盛りだくさんの体験をこなしてきた魂さんは、すばらしいです。

あなたもその一人ですよ！

あなたの偉大なる魂さんが、今までの高いハードルをよく乗り越えたと感動しています。

もちろん、そばでずっと応援してきた守護天使さんもニコニコしています。あなたが大好きで一度光に帰ったけれど、しばらくの間は、守りたいとそばにいてくれる人やペットも、守護霊として、期間限定でそばにいてくれています。すべてが波動なのです。

死んだらどこへいくのか

死んだらどこへいくのでしょうか？

この世でのいちばんの恐怖は、死の恐怖だとされています。

死んだら、消えるのではなく、場所移動して、あの世の光の世界に帰るのです。たくさん経験して、波動が高まると、波動アップした高さの世界に移行します。

お迎えがくるというのは、かぐや姫が月に帰るときに、いろんな楽器を持った菩薩さまたちのグループのように、または、七福神のようなめでたい賑やかな神々、または、天使が大好きな人には天使軍団が迎えに来てくれます。

お迎えはいろいろなのです。

大好きだった人が先に光に帰っていると、その人にお迎えしてほしいと思います。とても自然です。たとえその人がもうすでにどこかに生まれ変わっていたとしても、ちゃんと、その人にわかるような姿で、お迎えに来てくれます。

その人の意識は、自由なので、あちこちに行って、**生前にお世話になった人々へ挨拶まわりをします。その期間が、49日と言って、7の倍数になっています。**

カタカムナのナナヨツギです。**死ぬことは、大きな変化なので、変化の7のエネルギーが働きます。**沖縄では、7日ごとに法事があります。共通しているのが、初七日です。**いちばん嬉しいのは、ずっと自分を守ってくれていた守護天使に、やっと会えることです。**ちゃんと誰でも自分の天使を見ることができます。その対面はとても感動的です。

光が強くて、最初は眩しいかもしれませんが、だんだん光に慣れてきてしっかりと見ることができます。これは、死んでからの最初のお楽しみです。

こんなに素敵な天使さんがずっと守ってくれていたかと思うと涙が出ます。

天使にニックネームを付けてみた方は、そのイメージと近いかを感じてみてください。

自然に「今まで守ってくれてありがとう」とハグをしたくなります。

そのとき、懐かしい波動を感じると思います。ずっと今生でそばにいてくれたからです。

守護天使のほうも、ずっと長い間そばにいて、相手の魂さんが書いた人生シナリオを前もって読んで、段取りをして、辛抱強く付き合ってきた相手がいよいよ光の世界に帰るときが来て、やはり感無量だと思います。達成感に包まれて喜びの波動が広がります。

光のトンネルを一緒に通り抜けて、まぶしい光の世界へ一気に戻ります。

どんな世界に帰るのかは、その人の人生での体験によって、進化・成長した波動の振動数の世界にきちんと移動します。

たくさんの精霊と、今回の人生で先に光の世界に帰ってきた、愛する人々が迎えにきます。このときも感動的な場面です。

話には聞いていたけれど、本当に迎えてくれたと、胸が熱くなります。

もう地球服は着ていませんが、霊体というさらに精妙なボディがあって、それをまとっているのです。服はゆったりとしたお気に入りのものです。

その人らしさが色や形で表現されています。

今回の人生を終えて、**どんな人生だったかを振り返る、映写会**が開かれて、関係するすべての魂たちが参加できます。その人の言動でどのようにまわりの人々が影響を受けたかがわかる内容です。もちろん日常生活の細かいことは省かれています。どんな体験をしてきたか、そこで全体像がわかります。

感動的なところは、拍手喝さいを得ます。深い感動場面では、みんなが静かに涙を流しながら、感じ取ります。

人生を振り返る映写会を見た人々は、次の人生にどんな体験をしたいかのヒントをもらいます。

しばらく迎えに来た方々と楽しく交流して、やがて、その人たちも自分の周波数の世界に帰っていきます。また会いたいときには、思っただけで会うことができます。この世よりも会うのは瞬間なので、とても楽です。

同じ周波数の人とは、同じ世界で暮らすことになります。

また穏やかな、光あふれる自由な世界に戻って、ほっとします。

私たちが、この世でとてもつらいときに、つい「早く死んで楽になりたい」と口走ってしまうのは、あの世の平和で穏やかな日々を覚えているからです。

でも、自分の魂さんが決めた寿命のその日までは、光に帰れません。

私たちは、よほどのスペシャルな人生以外は、寿命は見送る人々にとってもいちばん都合のいいベストタイミングに決められています。

夢実現は、ベストタイミングに起きますが、寿命もベストタイミングにやってきます。もれなく全員が死を迎えます。人生が期間限定であることに深い意味があります。ちょどいいころ合いで、あの世に帰れます。

安心して、日々の生活を楽しんでください。

いのちとは何か？

いのちとは、何でしょうか？

私は万物すべてと話をするので、すべてに意識があると思っています。

その中で、**いのちは、自ら増えていく、増殖していく機能があるものです。**

愛の星、地球は、愛にあふれていて、たくさんのいのちが育まれています。

多種多様ないのちが息づいていて、いのちを見ると本当に地球が愛の星だとそれがわかります。

いのちではないと思われるものも、私たち人間が話しかけて、関わりを持つと意識を持つようになります。

沖縄に移住するときに、クリニックの診療室に使っていたサーモンピンクのソファがかなり大きいので、処分するかどうか迷いました。

友人に聞いたら、「あら、いつものように、ソファに聞いてみたら？」と私の友人らしく、普通ではない答えが返ってきました。

さっそくサーモンピンクのソファに話しかけてみました。

「どうする？　一緒に沖縄に行く？」

そうしたら、ソファから、

「もうしばらく一緒にいたい」

と、返事がありました。びっくりポンです。

それで、一緒に沖縄に来ることになり、最初に気に入って、住んだ外国人用住宅では、リビングにピッタリおさまって、ソファ自身が言った通りになりました。

ソファは、いのちではないけれども、意識はありました。

植物や動物はもちろん、いのちがあります。

私たちの意識は、いのちの歴史をほとんど体験してきています。

素粒子から始まって、ミネラル、土、木、クリスタル、岩石、山、海、魚、ホ乳類、両生類、鳥、など、その中で、お気に入りのものが、昔の自分の意識体験です。

それをそばに置いたり、食べたり、飲んだりすると、とても元気になります。

いのちは、感謝していただくと、必ず自分のエネルギーになってすばらしいパワーを出して、活動源になります。

木が大好きで、木造に住んでいます。

こだわるのは、自分の意識に思い入れがあるからです。クリスタルにもはまって、診療にも使っています。

これは絶対に自分の意識が入っていると思えるピンクのローズクォーツやオレンジオパール化した派手なアンモナイトの化石も、昔の自分だと感じます。

ナッツが大好きなリスだった記憶があります。アーモンドチョコで、3回も歯を折って、ハハハの歯です。アーモンドだったこともあるかも。

鳥も大好きです。白い鳥、黒い鳥、烏《からす》は、日本では忌み嫌われますが、烏は友達で烏語を話せます。「クヮ〜クヮ〜」と話しかけると答えてくれます。

いのちは、すべて、対話ができます。

あなたがとても気になっていて、写真を撮ったり、見に行ったり、大好きないのちがあ

なたの体験した意識の歴史の中で、登場したはずです。

動物園が好きな人は、アフリカの時代があるはずです。いろんな懐かしい動物に会いたくなるのです。

水族館が好きな人は、海にいたいのちの時代があるはずです。

魚博士で大人気のさかなクンは、もちろんいろんな魚だったと思いますが、子供のころは、水族館に行って、タコばかりをずっと見つめていたそうです。

きっと間違いなく、昔、タコだったのでしょうね。

とても好きでずっと眺めていても飽きないいのちがあなた自身なのです。

そう思うと、今の自分の人生に彩りを添えてくれるものが、自分の歴史と重なっています。自分を見つけるヒントがすぐそばにあるのです。

今の私、過去生の私

過去生の何％についての面白い解説をしたいと思います。

私たちは、一応地球を劇場にして、いろんな体験をこなしてきました。

生まれ変わりは、それを楽しみたい魂さんの世界、宇宙にはあります。

いろんな星を行ったり来たりしている魂さんには、同じ星で、たくさん生まれ変わることを選択していないので、ありません。いわゆる「星の旅人」さんです。

私は、今回地球で、その前は金星、そして地球の平和を確認してからは、太陽に行って、岡本太郎さんに挨拶をしてから、太陽系をさよならして、好きな星に移動します。

生まれてくる前に、マスターが2、3人いる前で、アドバイスをもらいながら、体験したい内容をまず話してから、どんな組立てをするかを決めます。

最終的には自分の意志で決めます。

過去生でやり残しが気になる場合は、その時代の続きをしたくなるので、アカシックレコードという自分の宇宙の宇宙図書館から、ぴったりの時代のＤＶＤを必要なだけ、借りてきます。

そして、ベストタイミングに取り出して、それぞれの時代の続きを楽しみながら演じるのです。

まるで、魂の宿題のような感じです。

それが終わると心地よい達成感に包まれます。至福のときです。生まれてきてよかった、ちゃんとできたという幸せな思いに到達します。

フランス時代に女性のヒーラーのときに、魔女狩り裁判で、裁判官だった司祭が、沖縄移住直後に、探偵を雇って、私を探り出し、西洋医学では治療が難しい娘のてんかん様の症状をぜひ治してほしいと、外国人用住宅の外でボーっと待っていました。夜だったので、怖かったのですが、運よくその男性がアンパンマンそっくりの優しい顔だったので、家の中に入ってもらって、ハーブティーを一緒に飲みながら1時間ほど話をしました。

２週間後に娘さんが登場して、過去生療法をしたら、同じヒーラー仲間で、やはり娘さんも魔女狩りにあい、火あぶりされたトラウマが残っていました。

彼女を癒すことは、自分をも癒すことになって、そのおかげで、本を書く勇気が出てきました。それから次々に本を書いて、今があります。

その男性もすばらしい方で、自分から過去生回帰の催眠療法を受けて、５００年前に魔女狩りしていた司祭だったことを自分で思い出しました。

お顔は優しい男性でも、ハプニングとしては、恐怖だったみたいで、一晩で私の歯のかみ合わせが悪くなり、その治療が大変でしたが、おかげで歯にたまっていた社会に出る恐怖を大解放できました。

そして、もう一つの、マリー・アントワネット時代の続きは、その衣装を着て講演会に出ることで、続きが始まりました。ベルサイユ宮殿の中で、ミュージカルをやって楽しんでいた体験が、今生で、クリエイティブスクールをするときに活用されました。

フランス革命のギロチンで斬首されたあとに、また社会に出て、人々に愛と笑いの癒しをする素敵な流れになったのです。それも、神戸の宝塚の宝塚歌劇団のOBの方が、講演会を主催してくださって、大劇場の三階の大広間を借りて、始まりました。

必ず、大劇場一階の写真館で、いろんなドレスを着て写真を撮りましたが、その中のマリー・アントワネットのドレスの写真をとても気に入って、待ち受けにしていたことから、東京の講演会の主催者さんがマリー・アントワネットのドレスを作ってくれました。

それから、いろんなコスプレを着るようになり、最高に幸せな人生が始まりました。講演会やセミナーで、いろんなドレスや姫の着物が着られるという楽しい仕事になってきました。

宝塚歌劇とのご縁ができて、ますますファッションによる過去生のヒントをつかむのが得意になってきました。

宝塚歌劇団の存在は、まさに歌と踊りと芝居による愛の過去生療法の場です。

毎月、演目が変わって、それをずっと1913年からやり続けてきたことにブラボーです。

宝塚歌劇の演目のDVDを見ることで、過去生の内容がより鮮明になってきます。第2章の最後に出てきた、モナ・リザのモデルだったカテリーナとレオナルドの話も、びっくりのすばらしい謎解きができて、私自身の人生にさらなるインスピレーションと生きる喜びを与えてくれました。

宝塚歌劇団にありがとう！

これまで、たくさんの人々、特に女性たちを癒し、解放してくれました。

女性だけで男女を演じる世界の宝塚歌劇団の創設者が男性というのも面白いです。

一方で、対局的な歌舞伎は、男性だけで男女を演じる世界です。しかも創設者が出雲のお国という女性です。

日本の文化に、対照的なエンターテインメントの二つの柱があるのは、ありがたいことです。

私は、両方大好きです。両方のすばらしさからいろんなヒントをもらっています。歌舞伎の花道で、人が入れ替わるシーンを見て、講演会で変身することにしました。すべてに意味があって、人生一切無駄なしです。

人生は、あなたが主役の舞台です

実は、**人生は舞台なのです。自分が主役**です。

地球大劇場で、たくさんの舞台を堪能してきました。

今が、その総集編の時代なので、いろんな過去生の続きをしながら、新たなクリエーションも楽しんでいます。

私の場合は、今までの本に紹介してきたように、2%のマリー・アントワネット、3%のゴッホ、そして今回自分でもびっくりした、5%のレオナルド・ダ・ヴィンチ、さらに桁違いに多い25%の尚徳王、そして、9回もあるネイティブアメリカンの時代が20%、4回のアイヌ時代が8%、などと、わかりやすくするためにその時代にかかわる濃さ、深さを%で表現してきました。

最初は、表面意識は知らなくて、守護天使の桜ちゃんからの解説があって、

「啓子ちゃんは、2%マリーアントワネットのエネルギーを持っているの。

絵も描くから、3%のゴッホのエネルギーも持っているわ」

と二つの人生の%を教えてくれました。ともに少ない%ですが、最大活用をしています。

ダントツに%が多いのが、25%の尚徳王のエネルギーです。だから46歳で単身沖縄に移住しました。クリニックを背負って、南の島に突然移住したのです。

両親がともにガンになって、ガンガン、帰っておいでコールをしてきましたが、魂は、どうしてもやり残しをしたくて、泣きながら、「沖縄にいたい！」と電話で叫びました。

その代わり、実家の大根畑に小さな家を建てて、毎月、1週間、沖縄から通って、母の友人たちの過去生療法を2年間やり遂げました。それでも実家には移住しませんでした。まだ尚徳王の続きをやっています。今の主人が尚徳王の王妃でした。ちゃんと再会することになっていたのです。

沖縄の恩納村に二人で創った、天の舞と海の舞が、終《つい》の棲家《すみか》です。25％の続きを、ここでしっかりとやり遂げます。

ゴッホは、びっくりしましたが、納得でした。中学生で美術部に入ったときに、最初に油絵で描いた模写がゴッホの黄色い家だったからです。現役の画家でもある顧問の先生から、

「越智、本当にこれが、初めてか？」

と聞かれたときに、何かまずいことでもと思って、

「はい、そうですが、何か？」と逆に質問して、

「あまりにもうますぎる～」と言ってくれたのが、数少ないそれまでの褒め言葉のダントツでした。それを頼りに、画家になろうと思ったのですが、高校生で毎日絵を描いていたにもかかわらず、Ｂ（美）大からＥ（医）大へと大変革したのです。ゴッホのエネルギーを少しでも持っていたからこそ、模写にゴッホの絵を選び、辛口の先生からお褒めの言葉

を頂きました。医師になってからも、アトリエを持って、絵を描き続けています。今回、この本で紹介したように、さらに5％のレオナルド・ダ・ヴィンチのエネルギーが開花しました。楽しみです。

母が20年間ソロプチミストで活躍して、最後にスコットランドの国際会議に英語でスピーチをすることになり、甥《おい》の娘さんと一緒に行ってきたとき、ちょうどダン・ブラウン著『ダ・ヴィンチ・コード』が大ヒットして、至るところにペーパーバックが売られていたらしく、お土産がそれだけでした。

「啓子、あなたにはこれが必要だから読みなさい」と渡されて、半分まで英語で面白く読んだときに、母から「日本語訳が出たわよ」と電話がありました。

女帝というあだ名の母は、必要かつ十分な表現をするパワフルでとてもクリエイティブな人でした。決して、「無理よ、できない」と言わず、「あら、簡単よ！」と言ってから悩んで乗り越えて、完成してくれました。

エカテリーナに似ていることからついたあだ名でしたが、今思うと、ダ・ヴィンチの母もカテリーナでした。

厳しすぎて、トラウマもありましたが、大事な要のときは、大切な愛をくれました。いままでも、母の手作りの着ぐるみ、青とピンクの「イルカ」「鯨」「虹の七色ピエロ」「太陽の塔」「陽気姫」が大活躍しています。
それぞれの愛の形があって、愛の波動が循環しているのです。

波動の秘密5

引き寄せながら、波動を上げる

私たちは、生まれ変わりを続けてきて、気になる終わり方、気になる愛の表現をもう少し変えたいと思って、再び、生まれ変わっています。

その人生の続きをするために、懐かしい場所や懐かしい人を引き寄せて、似たような状況になるけれども、さらに進化・成長して、別の流れを作ります。

それによって、気持ちも上がり、波動もどんどん上がっていくのです。

達成感と進化・成長した満足感が味わえます。

今のあなたは、いかがですか?

突然、ソウルメイトと再会して、びっくりの展開を体験していませんか?

それも、あなたの偉大なる魂さんが計画してきた、ハイライトです。ドキドキしながら、新しい展開を楽しんでください。行き過ぎたら、相手がちゃんと反応してくれます。

相手の気持ちに沿っていたら、とても喜んでくれます。

相手はあなたの合わせ鏡です。

ソウルメイトの登場で、確実にあなたの波動は上がります。

すばらしいチャンスだと思って、取り組んでくださいね！

波動の秘密6

お金にありがとう、さよならをして、波動アップ！

今までの、物にあふれて、お金が大切な価値あるものとする文明が終わりをつげようとしています。

地球と兄弟星の金星も、アセンションプロセスを経て、今はすばらしいユートピアの星に進化しています。金星に続けです。

都会中心の文明から、自然界を大切にする文明に変わります。

今までの文明の中心にあったお金に、「ありがとう、さようなら！　あなたのおかげで、とても貴重な体験ができました」と声掛けをしてから、「もうお金の時代が終わって新しい価値観の時代になるのだ！」という思いを強く持ってください。

ずっとお金を中心に生きてきたので、急にお金のない世界にするのは、大変なように見えます。

ところが、コロナリセットのおかげで、スムーズに移行できそうなのです。金融がくずれて、みんなに平等に配られて、経済の大変革が始まります。わくわくで、新しい時代に移行できそうです。

これからが、地球のユートピアに向けての面白い変化のときです。

不安がらずに、面白がって、新しい地球号に乗りましょう!

第4章

波動を整える、合わせる、上げる

すべてのものと波動を合わせられる？

さて、すごい命題をいただきました。

さて、あなたはどう思いますか？

答えは、あなた次第です。

えーっ、4行で終わりですか？

これっきり、これっきり、ですか〜〜？

人によります。

そのときの気分によります。

あなたが、地球大劇場で、どのくらいの舞台を体験したかによります。

あなたの意識の歴史が、どんな波動を体験したかによります。

あなたの意識が、ありとあらゆるいのちを、これまでに体験してきたなら、自然にすべてのものと対話ができて、共鳴することができます。

対話できるかが、キーポイントになります。

なぜなら、対話すると決めた時点で、もうその相手と波動が合っているからです。

まさに、「話せばわかる～」です。

すべてのものと、対話をしてみませんか？

チャレンジすると面白いです。

対話できれば、波動が合っています。ちゃんと向き合って相手の存在を認めて、尊重しています。

第3章で紹介したように、コロナウイルスとも対話しました。

ミクロの世界での対話です。ミクロの世界は、ウイルスのように、あまりにも小さくて、見えない世界です。

お気に入りのサーモンピンクのソファとも沖縄移住の前に対話しました。物質の世界での対話です。物質は、いのちではありませんが、波動を持っています。

自著『ゆるゆるの法則』（徳間書店）では、太陽にサニーと呼び掛けて、対話しています。そのほかの惑星の意識とも対話しました。

マクロの世界での対話です。この本もとても面白いので、おすすめです。

マクロの世界は、あまりにも大きくて、私たちには見えない世界です。

小さすぎても見えない、大きすぎても見えない、見えない世界もいろいろです。

自著『龍を味方にして生きる』（廣済堂出版）では、いろんな龍とも対話しました。見えない世界との対話です。いろんな色の龍がいることがわかって楽しかったです。それぞれの役割分担がありました。

すべてのものと対話して、波動を合わせることができれば、本当に不安は消えて、安心立命の境地に到達できます。

なぜなら、すべてのものの存在を認めて、そのままの姿を受け入れて、地球大劇場で、必ず役目があって、存在してくれていると思えるからです。

そこに排除する気持ちがなく、ニュートラルなので、穏やかなのです。

感情としての好き嫌いは、あるかもしれませんが、**存在を認めて、「お好きなように〜」と思える**のです。

愛の反対は、無関心

大問題に対面して、家族がゆるせなくて、怒りと憎しみがあふれて爆発するという悩みで来院した女性の患者さんを診ました。

今は、憎しみを持っているかもしれませんが、その家族とは、今回の人生でも子供のころは、とても仲良しでした。過去生でも母と息子だったり、夫婦だったり、父と娘だったり、とても縁が濃い関係性が出てきても、受け入れることができないほど、怒りがあふれていて、解放するのが大変でした。

愛と笑いの過去生療法もタジタジでした。

それでも辛抱強くヒーリングを続けていたら、ふっと明るく軽くなって、笑顔に変わりました。

「憎しみは、愛がたくさんあって、裏切られたから、激しく出てくる感情なの。愛があふれているからなの。愛の反対は、無関心なのよ。だから大丈夫、必ず許せるようになるから」と大事なことを伝えました。

いろんな時代にいろんな関係性を体験しているのは、ソウルメイトだからです。

地球を舞台に、たくさんの体験を繰り返してきたのです。

ソウルメイトは、何度も近い親しい関係性を演じてきた仲なのです。

今生は、大爆発するほどの、強烈な体験をしています。

必ず、許し合うことになるのは、わかっています。

『神との対話　フォトブック』（ニール・ドナルド・ウォルシュ著／サンマーク出版）に印象的な場面が出てきます。

ソウルメイト同士の対話です。

「次の人生で、僕は、君をいじめる役をやるんだよ」

「えっ、どうして、そんなことをするの？」

「だって、君は、許すという大切なことを学べるからね！」

仲良しのソウルメイトだからこそ、嫌ないじめる役を頼めるのです。


まわりにすばらしく優しい人々ばかりだと、許すということを学ぶことができません。

許せないひどい人がいて、許すという愛の星・地球での最後のレッスンが学べます。

そう思うと、許せない人がまわりにいてくれることが、どれほど貴重でありがたいかがわかります。

あなたのそばにも、もしかして、大嫌いで、許せない人がいますか？

受け入れがたいかもしれませんが、その人は、ソウルメイトです。

あなたが、「許す愛」を体験できるために、生まれる前にあなたの偉大なる魂さんが頼んだ、大事な役なのです。

お互いがあの世に帰ったときに、振り返って、語り合います。

「君のいじめっぷりは、すごかったね～きつかったよ」

「でもそのおかげで、怒りが出て、そのあと、じっくりと許せる体験ができたでしょう？」

「もちろん、今では本当に感謝できるよ。あんな役をお願いできるのは、仲良しの君だけだよ」

というびっくりの対話をしています。

まだ、怒りの真っ最中のときには、とてもそう思えないでしょうが、あとからそうだったのかと認めることができます。


あなたが許せない人を許せたら、この地球大劇場での生まれ変わりの体験が終わります。仏教では解脱といいます。いわゆる悟りの境地です。


許す愛の学びのあなたに、エールを送ります。

パワフルなママゴン（＝怪獣のようにパワフルで、ウルトラマイナス思考で、子供が喜んでいても共感してくれず、批判してくるような母親）とチャレンジしているあなたに、エールを送ります。

光に帰った私の母も、私を産んでくれただけに、ウルトラパワフルなママゴンでした。好きになりたくて、近づこうとすると、バシャーッと水をかけられる思いを限りなくしてきました。そのおかげで、母親との葛藤に悩む人々の気持ちがよくわかります。

許し難い相手のインナーチャイルドの癒しをやってみませんか？


相手が女性なら、可愛い女の子をイメージして、その子に愛を送るのです。

イメージすると、相手のインナーチャイルドの様子がよくわかります。怒っていたり、泣いていたり、喜んでいたり、イメージでわかるのです。

直接相手に会わなくても、インナーチャイルドの癒しはできるので、ちょっと試してみてください。


いちばん難しい地球での体験＝許す愛、にチャレンジしているあなたは、本当にすばらしいです。


でもこれをクリアしたら、必ずすばらしい穏やかな気持ちに満たされて、地球に来てよかったとしみじみ思うことができます。

すべてのものに波動を合わせることができたら、地球での学びが終わります。

さぁ、あなたもそろそろ、地球最後の人生の最終段階に入ったのではありませんか？

どのように、地球大劇場での最後の舞台を飾りましょうか？

というように、意識して、この章を読んでみてください。

きっと、必要なヒントが見つかると思います。

「般若心経」にある〝無〟の教え

大好きな「無」と「空」の登場です。

「無」とか「空」というと、最初に思い浮かべるのが、私の場合「無」は、「無限」です。

そして、「空」は、「空間」です。「無」については、前著『無限のゼロ・パワー』の本に、詳しく解説したので、ぜひ読んでみてください。書いた本人が言うのもなんですが、とても面白いです。

そして、「無」と「空」がセットとなると、すぐに浮かんでくるのが、やはり「般若心経」です。

仏教は、ずばり、「宇宙のしくみ」の学問だと思います。

仏教は、紀元前5世紀頃にインドで始まりました。

ちょうど、友人の女医さんから勧められたすばらしい本、重松昭春著『知らなかったほんとうの「自分」になる～あなたがはじまる般若心経ｖｅｒ．１』に、わかりやすい解説があったので、紹介します。

仏教は、お釈迦さま（仏陀：悟りの境地に達した人）が開祖ですが。御本人が書いた経典は一つもなく、すべて弟子が書いています。それまで、カースト制度というヒンドゥー教からきた階級制度があって、身分の低い人には、悟りは無理とされていました。

ところが、お釈迦様は、身分ではなく、**どんな行いをしたかによって、誰でも悟れる**と説かれました。三つの行為である、**「身口意を正せばいい」**のです。

「身」＝身体による行為、「口」＝語る行為「意」＝意識による行為です。

「般若《はんにゃ》波羅蜜多《はらみった》」という呪（言霊、マントラのこと）を唱えると、「意」が活性化して、「身」もつられて活性化します。

「般若波羅蜜多」というマントラは、「パンニャーパラミター」というサンスクリット語で、それに似た発音を音訳したものです。

「パンニャー」は、智慧です。

「パラミター」は、「問題を解決して涅槃《ねはん》の境地になり彼岸に渡る」という意味です。

お釈迦さまが光に帰られてから、すぐに弟子たちが書いた経典を「原始仏教」と言います。それから何百年もたって、たくさんの悟った仏陀が現われて、さらにいろんな経典が出ました。それを「大乗仏教」と呼びます。

「般若心経」は、大乗仏教で説かれた短い経典で、いちばん人気が高いです。

「般若波羅蜜多」という教えを実践すると、悟れますよ～という内容です。

ここからは、啓子流の解釈です。

「般若心経」は、5世紀に生まれました。同じくインドで生まれた「ゼロの発見」の200年前です。

「般若心経」にも、「無」がたくさん出てきます。

なんと**「無」を数えたら21個もあります。**短い経典の中に、これだけたくさんの「無」が出てくるのは、とても大切だからです。

よく「般若心経」は「空」の教えとされていますが、数えてみたら7個しかありません。「不」も多く感じるので数えたら同じく7個でした。圧倒的に「無」が多いです。

特に無～無～しているところがあります。

「般若心経」からの抜粋です。

無色無受想行識　(色もなく受想行識もなく)

無眼耳鼻舌身意　(眼耳鼻舌身意もなく)

無色声香味触法　(色声香味触法もなく)

無限界乃至無意識界　(無限の世界であり、また無意識の世界でもある)

無無明亦無無明尽　(無明もなくまた無明の尽きることもなく)

乃至無老死　（老いて死に至ることもなく）
亦無老死尽　（老いて死に尽きることもなく）
無苦集滅道　（苦しみを集めて道が滅びることもなく）
無智亦無得　（智もなく得もなく）
以無所得故　（所得もなく）

ここだけで、「無」がいくつあると思いますか？

数えてみてください。16個です。全体で21個ある中の16個がここに集中しています。しかも4行目のみ、「ない」の意味でなく無限と無意識という「無限」の意味の「無」が表現されています。非常に面白いです。

いちばん無〜無〜しているところは、5行目の「無明がない」と無明を強調しているところです。無明は、「明るくない＝内なる光に気づかず目覚めていない」という状態を表わしています。無無明と否定の否定ですから、強い肯定になります。

私たちは、無明から無限にいたる道を、生まれ変わりいろんな体験をしながら歩んできています。

「すべてはうまくいっている」宇宙のしくみ

私も「般若心経」のエッセンスのマントラ、「すべてはうまくいっている」という言霊を20年間人々に勧めて、悩みなく楽しい人生への境地にお誘いしています。

直感で、「般若心経」のエッセンスの言霊だと思っていたら、チベット語でも「すべてはうまくいっている」の意味のマントラ「オンマニペネフン」を唱えて、マニ車を回せば、お経１回分を唱えている効果があると聞いて、本当だったのだとびっくりしました。

直感は、本当にズバリ当たります！
内なる宇宙とつながるからです。

「宇宙のしくみ」のエッセンスが、「すべてはうまくいっている」なので、これを唱えると、仏教の真髄を唱えることになります。とても、シンプルでパワフルなのです。

「すべてはうまくいっている」は、身口意を活性化するのにもぴったりのマントラです。

「すべてはうまくいっている～」を何度も唱えると、顕在意識の土台に絶対的な宇宙への信頼が築けます。さらに安心立命の境地に至ります。

だからこそ、カニ踊りにして、全国に広めています。

南米ペルーのマチュピチュに、セミナーツアーで36人連れて行ったときに、3日間もマチュピチュに通って、何度もいろんな場所でカニ踊りをするので、文化庁の人々に知られて、「今日は、これやらないのか～？」と両手でピースサインをしながら横歩きをして、カニ踊りを見せてくれました。

ヴォイスヒーリングのことも、「I love」というあだ名を付けてくれました。

マチュピチュにも女性たちがチャンティングというヴォイスヒーリングと同じように即興で歌う習慣があるそうです。

そのせいか、大きな岩の上に乗って、ご来光を浴びながら、朝いちばんのヴォイスヒーリングと平和の祈りをしていたら、本当は、降りなさいと笛を吹く文化庁の人が仲間同士でトランシーバーによるやり取りをしていて、

「なぜ、笛を吹いて、あの岩から降ろさないのか？」

「いや、今I loveやっているから、終わったら鳴らす」という内容だったと、ガイドさんが教えてくれました。

普通は、マチュピチュに3時間観光のコースなのに、3日間も通ったため、私たちがヴォイスヒーリングをすると、自然に鳥やリャマたちも集まってくるので、波動に共鳴して心地よく感じたのでしょう！

自然界は、特に波動に敏感で、心地よい波動には、すべてのいのちが共鳴して、近づいてきます。

私たち人間も同じです。気持ちがいいと人が集まってくるのです。

そんな響きを奏でたいですね！

「無」の中の無限のパワーと、「空」の中の空間の広がりを自由に感じて、心地よい波動を響かせていきましょう！

高い波動のときに起こること

高い波動のときには、何が起きるのでしょうか？

あなたはどう思いますか？

波動が高いときに起こること【香り】

スピリチュアルな友達は、**波動が高いと、お香のいい香りがしてくる**といいます。

私の場合も、ジャスミンの香りがすることがあります。大好きなバラの香りが漂ってくることもあります。天使が大勢で来てくれるときです。

波動が高いところに行くと、空気が美味しくて、いい香りがします。

花が咲いていないのに、花の香りが漂ってきて、幸せな気持ちになります。

大地の香りと、まわりの緑の香りも堪能できます。


サンダルウッド＝白檀の香りがするときは、天女が降りてきます。


薄いピンクの羽衣や、薄い水色の羽衣をまといながら、天空を舞います。

アースクール生と大石林山のアシムイの聖山に上ったときに、天空に無限大の字を描きながら、舞を舞っていたら、天空からも天女がたくさん舞い降りてきて、山頂で、天女たちとの舞のコラボというすばらしい体験をしました。

自然に、そのチームは、羽衣チームという名がつき、10月のイベントのときに、羽衣で舞うという出し物が披露されました。

広島での、すばらしい過去生療法セミナーのときにも、参加者の中に過去生が天女だった方が二人いて、一人は、淡いピンク色のシャツを着て、もう一人は、水色の薄いショールを身に付けていました。

もちろん、本人たちの表面意識は、自分が昔天女だったという自覚はありませんが、ファッションに自然と表わされるのです。

最初に天女同士がペアになって、ヒーリングの実習をしました。

次のペアで、水色天女と組んだ女性が、過去生で、天女に憧れ、尊敬していた優しい漁師さんでした。水色天女さんが羽衣を持っていかれて、天に戻れなくなった水色天女の羽衣を一生懸命に探して、見つけ出し、天女に届けて、無事に天に帰れたというまるで**羽衣伝説のような素敵なエピソード**が出てきました。

あまりにも美しく波動が高いので、これは波動の本にぜひ紹介したいと思っていたら、ちょうどここで、それが叶いました。

お二人は、その話にとても喜んで、セミナーが終わったあとも、一緒に夕食を共にして、会計が５５５５円だったと、ぞろ目の数字にも喜んでいました。

波動が高いときに起こること【ぞろ目】

ぞろ目の数字も、天使が「その調子、大丈夫よ！」と応援してくれるサインです。たとえ渋滞でも、前の車のナンバーが、７７７や８８８などが現われると、嬉しくなります。

それは、天使界からの応援のサインです。変化、ラッキーの７のエネルギーや、８は末広がり、龍のパワーが応援していますよ、というサインなので、喜んでください。

親友が、高速道路で、のろのろトラックを追い越したら、その次の車のナンバーが、４４４で何かラッキーなことがあるわ～とめでたく思っていたら、その後に寄ったサービスエリアで、タイヤがパンクしていることに気づきました。

そこのガソリンスタンドに行ったら、太い釘が刺さっていて、びっくり！

サービスエリアでよかったと、守られていることに感動したそうです。

4は、幸せのクローバーの4です。カタカムナの相似象では、大切な四相を表わしています。どうにでもなる自由なコロイド状を表現しています。

光の写真をよく撮る友人は、波動が高い場所では、**オーブがたくさん写る**といいます。

時々、勘違いして、丸い光の玉が写真に写ると、「心霊写真ですか？」と質問する方がいますが、それは「波動が高くて精霊がいますよ〜よかったですね！」という素敵なサインです。

以前、岐阜で講演会をしていたときに、講演中、たくさんオーブが写ったときがありました。そのオーブを拡大してみたら、オーブが笑って、ニコニコマークになっていました。びっくりです。オーブも笑っている〜精霊さんも笑っている〜笑いがいっぱいの素敵な講演会でした。参加者さんたちだけでなく、オーブも精霊さんたちも笑えるなんて、最高です！

波動が高いときに起こること【笑い】

笑いは、一気に波動が高くなります。大笑いしていると、会場が一瞬で、光に包まれて、6次元まで行きます。

岡崎で講演会していたときは、どっと笑うと、会場の２階席の鎧兜を身に付けた戦場から来た武士の霊ちゃんたちが、思わず笑って、何十人も一気にパッと消えていくのを何度も見たことがあります。

わざわざ戦国時代に戦場だった場所で、なぜ講演会をと思いましたが、それも一気に愛と笑いで、まだその場所に残っていた多くの武士の霊たちを光へ帰すお手伝いだったのでしょうね。

５年間岡崎に通ったら、５年目に、突然信長さんのイメージが夜のホテルに登場して、「5年間、浄化のために通ってくれてありがとう！　もう、十分だからね！　乾杯！」といつの間にか、赤ワインのグラスが二つ登場して、憧れの信長さんと、乾杯することになりました。

そのときの信長さんは、おしゃれなベルベットでワインレッドのチョッキを着ていて素敵でした。我が家に帰って、主人に話したら、「それはよかった、僕たちも乾杯しよう！」と赤ワインで実際に主人と乾杯しました。

乾杯は、目標達成のお祝いのしるしです。

暗かった戦国時代の場所が、愛と笑いの講演会で、浄化されて、波動が高くなり、お役目終了となりました。めでたしめでたしです。

信長さんからのプレゼントかのように、美しいガラス絵が手に入って、天の舞の天使ルーム＝アロママッサージルームの入り口にはめ込まれました。ワインレッド色のブドウのモチーフでした。

今でも、アロママッサージを受けに、入るときイケメンの信長さんを思い出して、わくわくします。

波動が高いときに起こること【音】

サウンドヒーリングをする友人は、**波動が高くなるときに、涼やかな音が響いてくる**といいます。

天使がたくさん来るときは、天上界の音楽が聞こえてきます。モーツアルトの音楽に似ています。天使たちが、啓子の笑いで癒されたいと、グループで上のほうに集まって、**天使のギャラリー**になるのです。**天使たちも笑いを求めてやってきます。**しかも天上界の音楽付きでやってきて、啓子のギャグ連発のセミナーや講演会に参加して、人間界では参加者の皆さんが、上空では天使たちが大笑いして笑い療法を受けているのです。天使がたくさん来ると、自然にその場は波動が高くなります。**ヴォイスヒーリングをするときに、天使界のエネルギーが応援してくれます。**そして、ヴォイスヒーリングの響きで、天使たちもうっとり癒されています。愛の循環です。セミナーや講演会が愛と笑いの高い波動にあふれて、感動の涙になります。

２０２０年８月の広島での過去生療法セミナーのときは、瞑想の時間に、それぞれの魂さんのすばらしさに感動して、感無量になり、私まで涙が抑えられなくなりました。コロナ騒動の真っただ中に、全国から集まったすばらしい魂さんたちが、これからの地球大変動のために、それぞれのユートピア担当地区で、リーダーシップを発揮する魂さんばかりでした。

皆さんの熱い思いに、こちらも愛とパワーを込めて、時々即興の歌になり、思わず、自分の表面意識までが深く感動してしまいました。

天使たちも参加してくれる時空の中で、愛があふれるヴォイスヒーリングは、一層その場の波動を高めてくれます。

その人の、興味がある分野の表現で、高い波動を感知すると思います。

波動が高いときに起こること【光】

私の場合は、光を感じます。香りもしてきます。高い波動域には、必ず精霊が降りてくるので、すぐに対話をします。

精霊たちが、光を供給してくれます。メッセージを届けてくれます。そして、何よりも深い優しい、とろけるような愛の波動で、包んでくれるのがとても嬉しいです。

大好きな波動の高い、沖縄本島の最北端にあるパワースポット、大石林山に行くと、すぐにたくさんの妖精が集まって来ます。

「わ〜〜啓子ちゃんが来た〜」

と、遊びに誘います。思いがけない初めてのところに連れて行ってくれることがあります。スピリチュアルコースでも、今までのコースではないところに妖精や精霊が導いてくれるときは、身体がすぐに軽くなって、まるでガジュマルの妖精のキジムナーになったかのように、素早く動いて、あっという間に新しい波動の高い場所へと案内してくれるのです。

仲良しの喜瀬所長さんが、あわてて付いてきてくれて、

「なるほど、ここですね〜前から気になっていましたが、わかりました、次回までに開発しておきましょう！」

ということになって、新しい祈りの場が作られていきます。

私が勝手に動いているように見えますが、見えない世界の素敵な仲間たちがちゃんと教えてくれているのです。

波動が高くなると、天がその調子でOKと虹を見せてくれます。

最近は、龍神雲や宇宙船雲がよく見られるようになりました。

写真に写る不思議な形を見て、見えない世界との交流が深まってきています。

私たちは、自分の波動を上げたくて、少しでも波動のいい場所に行きたくなります。波動の高い人に会いたくなります。

波動の高い場所にいると、自然に何度も深呼吸したくなります。身体が気持ちいいと感じて、そ

の場の波動をもっと吸いたくなるのです。

楽しい気分になって、ふわふわと浮いた感じになります。身体が軽くなった感じがして、踊りたくなってきます。お腹のインナーチャイルドがとても喜んで、スキップしたい気分です。

一方で、大地に寝そべって、大の字に大地に溶け込みたくなることもあります。長くなってしまいましたが、波動が高くなると、このように素敵な現象が起こるのです。

波動が低いときに起こること

逆に、低い波動のときに起きることとは、どんな状態でしょうか？

実は、低い波動のことは、あまり書きたくないのですが、それでも皆さんに伝えたほうがいいので紹介してみます。波動が高いときの解説よりも多少短めになりますが、ご了承くださいませ。

まず、**波動が低くなると、暗くなります。**

冷やっとして、冷気を感じ、冷房がいらないほど、冷たくなります。

生臭い嫌な臭いがします。

霊ちゃんや、いろんな人のマイナス波動のエネルギーが残っていて、気持ち悪くなります。

何とかしてそこから抜けて、明るい世界に行きたくなります。気持ちも暗くなりますが、**身体も重く感じます。**身体のあちこちがしんどくなり、重くなり、動かしにくくなります。

昔、私は、金縛りによくあっていました。聞いたことがあると思いますが、霊がのしかかってきて、振り払いたくて、体を動かしたいのに動かなくて、必死で動かしたら、同時にはっと目が覚めて、楽になるのです。

それは、確実に霊ちゃんが乗っかってくるのです。重いです。重く感じるのです。目が覚めたときに、冷や汗が出ています。しばらくは放心状態です。

光の仕事をすると、自分で決めてきた人は、霊ちゃんの世界を体験して、たくさんの霊ちゃんたちを光に帰すお手伝いをします。

先ほど解説したように、**一瞬でも、自分の波動が下がると、霊ちゃんがいる世界とつながります。**誰かにマイナスのことを言われて、落ち込んで、「本当に、これでいいのかしら？」と不安になったりすると、一気に体が冷えて、寒気がして、くしゃみをしたり、そのすきに、霊ちゃんたちに姿が見えて、しがみついてきます。

真夏で冷房が効いていると、ガタガタ震えがきて、寒くなります。

ちょうど、この本を書いているときに、それを体験しました。ここに書くためだったかもしれません。広島のセミナーで体験しました。

沖縄よりも本土のほうが暑くて、温度差にびっくりするはずなのに、汗をかくどころか、寒気がして薄着だったので、困ってしまいました。

そこへ、助っ人が現れて～目の前の織姫のような女性が、ちょうど**ヘンプ（麻）の薄いショール**を持ってきていて、それを貸してくれました。なんと「啓子ちゃんが、ヘンプのショールを必要になるから持っていって」と天のお告げがあったのだそうです。

ヘンプは波動が高く、そのショールを頭からかぶって、しばらくしたら、冷えていた身体が温かくなり、縦に重なっていたたくさんの霊ちゃんたちも次々と昇天していって、予定通り、ちゃんと光の仕事ができました。

タイミングよく、ヘンプのショールがあって、本当に助かりました。

これで、ヘンプが波動を高め、浄化力が強いことが体感してわかりました。

その日の朝、スタッフたちと、サークルアップして、士気を高めるワークの「これでいいのだ！」を唱えながら、右腕を振り下ろすときに、初めて「これでいいのか!?」と言ってしまって、大爆笑になりました。

なぜか自分を責める思いがあって、つい出てしまった本音でした。

その思いが不必要な罪悪感になって、波動を下げてしまったのです。

でも、たくさんの霊ちゃんたちを光に帰すお手伝いができたので、やはりすべてはうまくいっています。

ヘンプのすばらしさもわかって、バッチリです！

とても濃いセミナーになりました。さらに、この本にも紹介できて、ブラボーです。

一時的に波動が下がるのは、これも体験です。光の仕事ができます。霊助けです。幽界が浄化されると、地球が明るくなります。

リセットする方法は？

低い波動の解説は、あまりしたくないと言いながら、かなりしてしまいました。

やはり、低い波動の話をすると、お呼びですかと引き寄せてしまいます。

子供のころは、自分のことが大嫌いだったので、肉体からずれてしまって、どうしても幽界の霊ちゃんから、自分がうっすらと見えてしまって、身体のあちこちに憑いてしまって、身体の不調が出ていました。

だんだん、自分を受け入れることができて、自分が好きになってから、すっかり霊の世界では、私が見えなくなり、憑依現象がなくなってきたのです。

波動を上げるには、つまり霊の世界から足を洗うには、**自分を好きになるのが、いちばん手っ取り早いです。**

「大好き〜!」と声に出して言いながら、自分を抱きしめましょう!

「大好き〜!」「大好き〜!」と少なくとも3回繰り返してやってみると、とても効果的です。潜在意識にしっかりとインプットされて、新しい思い込みになるからです。

ギュッと自分を抱きしめて、「大好き〜!」と言うだけで、意識は肉体にぴったりとはまっていきます。自分の大人の意識が、自分の子供の意識=インナーチャイルドを受け入れて抱きしめることで、本当の自分とつながり、内なる光があふれてくるので、一瞬でまぶしい光に包まれて、波動がぐんと上がります。

憑いていた霊ちゃんは、びっくりして飛び上がり、ついでに光に帰るか離れてしまいます。光がまぶしくて、霊ちゃんから私たちが見えなくなり、私たちは、4次元の幽界の世界から、5次元以上の光の世界に行くことができます。

光の世界へのリセットができるのです。

次元とは、意識の自由度を表現しています。

この世は、3次元と4次元と光の5次元が交差しています。

私たちの思いで創られた世界です。

思い切って、光の仕事人仮説を打ち出して、本に書いたのが、代表作の自著『人生のしくみ』（徳間書店）です。

生まれ変わりについて、人生のいろんなことについて、わかりやすく解説されています。

クリニックの初診を受ける方には、ぜひ一読して来られるように勧めています。

「人生のしくみ」がわかってくると、自然に大いなる流れに身を任そうとして、ゆったりとした気分になれます。今いるところがとても安心で大丈夫だと思えるようになるのです。

だから、「すべてはうまくいっている」という最強の言霊は、本当に私たちの意識を速やかに安心立命へと導いてくれます。

今まさに、地球大劇場の転換期

私たちは、いろんな体験をするために、光の世界から地上に降りてきているのです。光とは何かを知るために、いろんな体験をして、だんだんとわかってきたのです。

地球大劇場での、いろんな舞台がそろそろお開きになってきました。

今その大事な転換期を迎えています。

すばらしいときに合わせて、日本に生まれてきました。

日本が今、地球上での生まれ変わりでいちばん人気だそうです。

平和で安心して暮らせるからです。

そんな日本がいよいよ、地球の平和への道のリーダーシップを取ることになりました。権力大好きチームの手下だった人々がどんどんと舞台から消えていきます。新しい地球でのリーダーが総入れ替えです。

私たちも人任せではなく、自分で持ち場を担当して、まわりの人々に変化のときであることを知らせる役割を思い出してきます。

このために、生まれてきたのだったと、大事な使命を思い出します。

そのために、この本は役立ちます。

コロナウイルスが登場したのも、地球の変革を促すためです。

ベストタイミングに、地球大劇場での大きな役割で一気に主役になっています。まさかの突然の登場に、地球全体がびっくりしています。とても小さいのに働きがとても大きいのです。

私たちもこれから、楽しくわくわくはずむように進んでいきます。

苦しい修行の時代は、終わりました。

それも今までは役に立ちましたが、**これからの流れは、「楽しくわくわくはずむように」のフレーズで進みます。**

そうでないものは、スルーです。

楽しくわくわくはずむような流れは、ゲットです。

スルーとゲットを上手に使いわけましょう！

これから、コロナウイルスのように、おめでた菌を世界に地球にばらまきます。

みんなで、ニコニコおめでたくなるのです。おめでたく、すべてよい方向に向かっていると思い込んでいく世界です。楽しくて、笑いが止まらなくなります。

そんな世界を創るには、愛と笑いがいちばんです。平和への近道です。

自分のことが大好き！

まわりの人々も、大好き！

自分の国も大好き！　だから、日本が、心から大好き！

そして、愛と笑いの地球も、大大大好きです！

地球を抱きしめるイメージをして、ぎゅーっと愛をたくさん送ります。

地球の意識、テラが大喜びです。

このまま、新しい地球に、一気に飛んでいくかもしれません。とても楽しみです。

私たちの思いで、この世は作られているのですから、いかようにも変えることができます。その醍醐味をこれから味わうことができるのです。

すばらしい流れです。

だから、私たちは、この時代に地球の地上で生きることを決めてきたのです。

いよいよ、私たちの、地球のハイライトが始まります。

宇宙の愛を信じて、身を任せる

平和へのリセットが始まったら、あとは宇宙の愛を信じて、身を任せましょう！　それによって、自分も宇宙も楽な自然体の流れが始まります。

宇宙は、必ず私たちの味方だからです。まず、そう思うことです。

宇宙は、愛に満ちています。

だから、「すべてはうまくいっている」と言い切れるのです。「すべてはうまくいっている」が宇宙の真理のエッセンスなのです。

宇宙に「引き寄せの法則」があると最初に解説しました。

宇宙が、愛に満ちているから、それが可能なのです。それも無条件の愛です。

宇宙は、私たちに、こうしないと愛してあげないと決して言わないのです。

私たちが、どんな思いを持って、どんな世界観を持っていても、全く良し悪しを判断しないで、そのまま私たちの希望通りに夢をかなえてくれます。

宇宙は、本当に、私たちみんなの味方です。

インディアンの教えの中に、太鼓の形で、丸十字で宇宙のエッセンスを表現しています。肉体という制限された中にいて、宇宙の愛に守られて、四つのエレメント、火と水と風と土でできているのです。

今までのイギリス中心の文明が終わって、これから日本を中心として文明が始まります。千賀一生著『ガイアの法則』にあるように、東経１３５度を中心にこれから１６１１年間、正確には、次の中心が海の上になるので、２倍の３２２２年間、日本を中心とした文明が発達します。

まさに夜明け前です。

この本がそのタイミングに出ることに、感動しています。

ツインソウルとの再会

宇宙の流れは、地球を光の5次元以上にアセンションへと導いています。

だから、もう自分の中の闇、社会の闇、国の闇、地球の闇は、役割を終えて光に宇宙に帰っていきます。

そのために、コロナリセットが起きて、自分を見つめる時間が十分に与えられて、いろんな気づきがありました。

今回の人生で始まった、表面意識は、偉大なるすばらしい自分の魂さんをあまり理解していません。その差を取る＝悟るために、瞑想や祈りを習慣にしましょう！

瞑想や祈りを習慣にすると、内なる光があふれ出てくるので、波動が一気に上がって、自分に縁のある精霊やソウルメイトと出会う機会が増えてきます。

それだけ、今が大切なときなのです。

初対面でも懐かしく感じる人は、きっとソウルメイトです。

過去生で、親しい関係にあるか、キーパーソンだったことがあります。

あまりにも共通点が多くて、同じような人生のシナリオの人は、きっとツインソウルで

す。

ツインソウルは、必ずしも一人ではなく、12人もいるという新しい説が出てきました。

えっ、そんなにもいるの？　とびっくりします。

仏像の十一面観音像がそれを表現しているのかもしれません。

地球が大変革するときには、自分たちのつながりを強くして、平和への使命をスムーズにするために、ソウルメイトやツインソウルに出会うことが増えてきます。もし再会したら、お互いに喜んでください。そして楽しい交流を深めましょう！　お互いが輝いて、楽しい流れになります。

ツインソウルが異性だと、すでに恋人や伴侶がいる場合に戸惑いますが、精神的な交流だけでも十分に力強い絆の応援になります。それ以上に衝動的に行動を起こしたくなったら、それも自然の流れだと思って、宇宙にゆだねてください。

宇宙が采配して、すべてうまくいくように、段取りしてくれます。

ツインソウルが同性だと、そのまま大親友になります。過去生の特別の縁で、恋に発展するときは、それも自然の流れにまかせて楽しみましょう！

一時的に恋に発展しても、うまくおさまって、そのまま大親友になることが多いです。

あなたも、びっくりするような心惹かれるソウルメイトやツインソウルに出会いましたか？

これから、そんな**ドキドキな出会いが始まる**かもしれません。そのとき、この本が役に立つと思います。

あとから、また読み返してみてください。

腑に落ちてきます。

人生のしくみは、なぜそうなるのか、謎解きができると、悩みがなくなります。

宇宙は、愛であふれています。過去生の関係がわかると、みんなで仲良くという気持ちになってきます。大いなる流れに乗って、私たち人類は、様々な体験を積み重ねながら、統合に向かっています。

いろんな色合いがあって、それでいいのだと、違いを認め合うことで、まとまり統合していくのです。違っていいと思えたら、自分の個性も認めることができます。自分らしさを大切にして、自分を認めるとお腹のインナーチャイルドがとても元気になって、自然に笑顔が出てきます。自然に波動が高まってきます。

統合の時代に入って、お互いに違いを楽しんで、認め合って、素敵なユートピアの世界になっていきます。

本当に、私たちの波動がどんどん整ってきたのです。

ソウルメイトやツインソウルに再会して、すばらしい体験ができました。

懐かしい魂のふるさとの場所やわくわくする場所で、さらに波動がアップして、今の自分があります。

さらに次の第5章で、どのように、この統合の時代を乗り切っていくかのヒントを紹介しましょう！

波動の秘密7　宇宙の「愛の法則」

宇宙には、「愛の法則」があります。愛の波動とつながると、愛の循環が始まって、流れがスムーズに流れるのです。

無駄な抵抗をしないで、今体験していることは、偉大なる魂さんが体験したくて、選んだものだから、淡々と体験すると決めてみてください。受け入れるとかえって、濃く早く体験が終わります。

とことん味わって、「苦しみ、痛み、悲しみ」の「3つのみ」を受け入れて、味わい尽くしましょう！

あの世に帰って、「苦しみ、痛み、悲しみの3つのみ」について、特別講演会を開くことができます。

あの世には、ないものだからです。この世ならではの体験は、とても貴重です。

だからこそ、わざわざ光の美しい世界から、刺激的なこの3次元の世界に降りてきたのです。そろそろいろんなやりたかった体験を終了して、あとは光に帰るだけの人もいます。

これから、てんこ盛りの体験をわくわく待っている人もいます。それぞれ、この地球大劇場での醍醐味を最後まで味わって堪能してください。

この地球には、愛があふれている愛の法則があるので、安心して体験ができます。お金も波動だと紹介しましたが、「お金の切れ目が縁の切れ目」というように、男女関係も、お金で清算ができます。お金も波動だからです。だから「手切れ金」といいます。手＝愛なので、正確には、「愛切れ金」ですね！

手から本当に愛のピンク光線が出ています。手を当てるのは、愛を当てています。手を抜くのは、愛を抜いているのです。

過去生の清算をするときに、「5分の1の法則」があります。お金の貸し借りも5分の1を払って、チャラになるのです。

あなたが今回の人生で、いくらか貸したとすると、過去生ではその五倍のお金を借りていたことになります。チャラになるのに、ちゃんと「愛の法則」が働いているのです。本当に宇宙は愛であふれていて、とても寛大です。

波動の秘密8　クリスタルで波動アップ！

もし、ピンときたら、クリスタルを手に取って、握ってみてください。

手がビリビリとクリスタルの波動に反応するかもしれません。

クリスタルは堅く見えますが、本当はとても柔らかい存在です。突然消えたり、現われたりします。時空を飛ぶことができるのです。

クリスタルは、地球の細胞なので、地球に直接触れていることになります。

クリスタルに触れることで、**直接地球に癒される**のです。

アクセサリーやお守りとして、ブレスレット、ネックレス、ペンダント、指輪など、ぜひ身に付けてみてください。

せっかく地球にいるので、地球の細胞に直接触れておくと、これも宇宙の流れに身を任せることになります。

地球の自然界とのつながりも、宇宙にゆだねることになります。

アロマやクリスタルを使ってのヒーリングは、地球の自然界の癒しなので、宇宙とつながり、奇跡が起きやすくなります。

これから、奇跡的な地球の大変革が始まります。

これまでの、ピラミッド構造が壊れて、みんな平等のすばらしい世界になっていきます。

断捨離や掃除をして今いる場の波動を高めましょう！

美しく、心地よく、楽しく、清らかに、波動が高まるすべての活動を直感に従って、どんどんやってみましょう！

クリスタルを握って、祈りや瞑想で、本当の自分とつながって、宇宙にゆだねてみましょう！

やっと、みんなが笑顔になって、歌ったり、踊ったりが日常にあふれ出る日々になってきます。

ユートピアへの道が開かれます。

さぁ、あなたも自分が担当する地で、クリスタルを友に、自分ならではの思いつくユートピア活動を始めましょう！

第5章

見えない世界を使って、人生を動かす

創造することはどういうこと？

第5章は、いきなり「見えない世界を使って、人生を動かす」ときました。びっくりポンポンポーンです。

主人の口癖を思い出します。

「段取《だんど》り8分《はちぶ》！」です。段取りを前もって、8割やっておけば、本番はあとの2割なので、楽々うまくいくのです。

私たちの世界もまったく同じことではないでしょうか。

いつも頭の右上にいてくれる守護天使の桜ちゃんが、

「天使も8割の段取りが大事なのよ！」と言っています。

偉大なる魂さんが書いた、人生のシナリオを前もって読んで、段取りをするのが、守護天使の役割なのです。

守護天使さんの仕事ぶりのように、私たちも日々、段取りを8割くらいまで準備しておくと、本番がとても楽で、スムーズになります。

創造するとは、ずっと解説しているように、自分の思いでまずどうするかを決めることです。先に結論のようなことを決めておくと、その流れがすぐに始まります。

ちょっとでも、新しい流れが始まるサインが出てきたら、「やった～、流れが変わった、もう大丈夫！」と思うことにしましょう！　それによって、さらに宇宙が応援しやすくなります。やはり、私たちが気づくかどうかで、宇宙のやる気も倍増します。今「宇宙のやる気」と書いて、自分で笑ってしまいました。

すっかり宇宙のことを擬人化しています。

第4章ですべての波動と合わせる話をしましたが、自分の思いで創った自分の内なる宇宙のことを、守護天使と同じように擬人化して対話してみましょう！　そのほうが、すいすいと思い通りに進むと思います。

えーーっ、そんなことできるの？　というつぶやきが聞こえてきそうですが、それができるのです。

自分の内なる宇宙は、自分の思い次第です。

どう思うかで、方向性が変わります。

どのように、自分のまわりの世界を見ているかで、まわりの世界が変わります。

自分中心にまわっていると、超おめでたく思えるようになったら、笑いがとまらない人生に変貌します。本当です！

私はすでに実験済みです。

試しに、やってみませんか？

「この世界は、私を中心にまわっている〜」と思ってみてください。そのあと、声に出して、言ってみてください。

「こんなこと言って大丈夫？」と表面意識は、ちょっと抵抗するかもしれませんが、やってみると、気持ちいいです。楽しくなります。

ついでに3回言ってみてください。新しい思い込みとして、潜在意識にインプットされます。

この宇宙では、3回同じことを繰り返すことが新しい思い込みが潜在意識に入る最低の回数なのです。「3度目の正直」「2度あることは3度ある」「三位一体」「三つ子の魂百まで」など、3回の意味が大切にされています。

カタカムナの相似象でも、ひふみ一二三の三《ミ》は、実質・はっきりしてくる意味です。「モノ」としての存在が、はっきりしてくる状態を表わしています。

だから、3回言うと、それが新しい思い込みとして、はっきりと潜在意識に刻まれるのです。

気持ちよかったら、念のために何度でも言ってみてください。より、強固な信念になっていきます。

これが、創造する土台になります。

もう一つ、最強の言霊を紹介します。

「私は、創造主です!!」です。

これは、創造の中心になる大切な言霊です。

創造の主なのですから、本来は、「GOD」という言葉が入ってきたときに、日本では、「神」と訳してしまいましたが、そのために、とても恐れ多い響きになってしまいました。

「神」とは、自分たちよりも、ずっと高い、遠い存在で、かけ離れているという思いになってしまうからです。

実は、「創造主」のほうが、理にかなっていて、わかりやすいのです。

私たちみんなが、創造できる「創造主」なのだということが、受け入れやすくなるからです。

135億年前に、宇宙が大きな光から、私たち個の光に、ビッグバンで分光してから、それぞれ虹と同じ七色を持って、小さな創造主として、意思を持って光を知るために＝自分を知るために、好きな色の光を選びながら、光として探求の旅に出たのです。

大きな光のままでは、わからないので、分光していろんな光の色を個別に探求する旅が始まったのです。

それが、神=サムシンググレートの意向でした。

それから、私たちは、手分けして、いろんな色の光を体験して、体験を宝に宝物を増やしてきました。

今は、愛があふれる愛の星・地球の地上で、地球大劇場での舞台を最大活用して、特に愛の表現を体験しながら学んできたのです。

それも、今最終章を迎えています。この章も最終章ですが……。

今までの過去生で体験したこと=才能をすべて使って、自分の中で統合をして、それぞれの持ち場で、ユートピア活動をしています。

もうすでにしているのです。

宇宙とつながるとうまくいくのはなぜ?

自分の宇宙を自分の思いで創っていることを解説したので、自然にこの問いにも答えが出てくると思います。

宇宙には、外の宇宙と自分の中の宇宙があります。

外の宇宙は、肉体のまま行けるのは、太陽系だけだそうです。

金星の宇宙船に乗ったことがある、アダムスキーさんの本によると、暗殺されたケネディ大統領がまだ、高官のときに、アメリカ空軍に降りた、土星の母船にアダムスキーさんと一緒に乗って、9時間で、土星に着いて、そこで太陽系の会議があって、参加したそうです。

「早く地球でも母船を作りなさい。原爆戦争で地球を破壊しないように、早く平和活用を」

と、その会議で言われたそうです。

肉体を持って、土星に行くには、9時間もかかりますが、意識だけで行くと一瞬で行けます。それには、瞑想を習慣にすることをお勧めします。

瞑想と睡眠のときの夢の中で、内なる宇宙とつながることができます。

私の初めての瞑想は、大きなシバ神の目が現れて、その中に吸い込まれていくと、青空に雪山がくっきりと見えて、鷲が飛んでいるチベットの風景でした。

そこからまるで、鷲になったかのように急降下して、懐かしく感じるポタラ宮殿の中に入り、カラフルな立体曼荼羅を見た後、地下に入って、さらに地下都市にぐんぐんと入っていく不思議な体験をしました。

今から思うと、シャンバラの世界を垣間見たのだと思います。

今の自分と同じくらいの小さな人々に混じって、美しいそれは精妙な波動の部屋で、12人が瞑想していて、その中の一人が自分のような気がして、すっとその人の中に入りました。**シャンバラにいるもう一人の自分が全く同じ時に瞑想をしていました。**それが不思議というよりも、向こうから感じると、チベットの雪山から空を超えて、今の自分の第三の目に吸い込まれていくのでした。

まだ、孤独な思春期のころでしたので、自分は一人ではない、どこかにもう一人いて、同じようなことをしていると感じて嬉しくなったのをおぼえています。

小学校6年生の頃、書棚にあった、鈴木《すずき》大拙《たいせつ》の禅の本を見つけて、学校から帰ってから、2階の和室で、座禅を組んでいたのを思い出します。辛い体験が続いていたので、禅に救いを求めていました。

最初は、半眼で精神を集中していましたが、そのうち、自然に目を閉じて、瞑想になったときに、突然ドンと大きな目が現れてびっくりしました。目を閉じても明るい風景が見えて、どんどん吸い込まれて、シャンバラまで行ってしまったのです。あまりにも鮮明でびっくりしたので、今でもよく覚えています。

チベットの雪山のことは、話したことがありましたが、シャンバラまで行ったことは、ここで初めて公表することになりました。

「暗いところで、何やってんのよ～」と母が電気をつけて、あっという間に現実の世界に引き戻されました。

高校生のときに、五井昌久先生の世界平和を祈る会を紹介されて、その講師の先生から、瞑想指導を受け、忘れられない瞑想体験がありました。

その先生は、霊的に敏感で、数人のメンバーの瞑想状態を同時に見ることができて、適切なアドバイスをしてくれました。

私の恐怖心を解放した瞑想で、崖から落ちるイメージがあって、とても怖かったのです。

「大丈夫だから信頼して飛び降りなさい」と内なる声がして飛び降りたときに、暗い荒波の海に飛び込む瞬間、誰かが両足をつかんでくれて、寸前で助かりました。潮の香りと波のしぶきを感じて、とてもリアルな感じでした。

「よく信じて飛び降りましたね！　このように、**これからの人生で、どんな辛いときにも、必ず宇宙はあなたを助けてくれます。**覚えておいてね！」と優しく解説してくれました。

ハラハラと涙が止まらなくなり、宇宙が自分を見ていてくれるのだと、深く心に刻みました。

神さまではなく宇宙と言ってくださったのがとても納得いったのです。

その体験があって、それからどんな辛いときも思い出しては宇宙を信頼して、乗り越えてきました。**宇宙が私の味方**なのだと、とても大きな安心感を頂いた瞑想でした。


さらに、印象的な瞑想は、クリスタルを身体の上に並べて、頭頂部や手足には大きなクリスタルを置いた、クリスタルヒーリングのときに、宇宙に意識が飛ぶ不思議でダイナミックな瞑想状態になりました。

3回受けた中で、最初は、地球の中心のシャンバラへの旅でした。

最初の瞑想で行ったことがあったので、懐かしかったです。

白髭のおじいさんがガイドをしてくれて、**シャンバラから宇宙へ旅をする体験**をしました。私の魂に縁のある星へ連れて行ってくれました。マゼラン、プレアディス、シリウスとアルクトゥルスでした。

そのときに乗せてくれた宇宙船と、『超シャンバラ』（徳間書店）の表紙の宇宙船が全く一緒だったので、この本を見たときに、「これに乗ったわ～」と興奮したことをよく覚えています。そのときは、本当に飛ぶというよりもとても静かで、位置するという感覚でした。瞬間移動の感じです。

それぞれの懐かしいふるさとの星に行って、何かをダウンロードして帰ってきました。必要なときに、開示されるそうです。

２回目は、**地球の海の深いところにあるオーシャンセンター**でした。

３６０度の地球上の海の映像が見られて、守っている感じでした。

海が汚れると、イルカやクジラが派遣されていました。

２００人くらいの人々が静かに、活動していました。

そして、３回目が、**太陽系の水星での宇宙人会議**に出席したのです。いろんな体形の宇宙人がいて、すべてがヒューマノイドではなかったので、ドキッとしましたが、テレパシックに意思疎通ができて、そちらが面白くて気にならなくなりました。

地球が科学的にも精神的にも遅れていることをしみじみと聞かされて、その通りだと、これは何とかしなくてはと心から思いました。

そして、今、いよいよいろんな星の宇宙人が応援して、新地球がちゃんと宇宙時代を迎えることができるように、いろんなプロジェクトが始まっています。

そのために、瞑想の中で、いろんな情報やエネルギー交流をしてきたのだとしみじみ思い出しています。

いろんな時代で体験してきたすべてのことが、才能として開花して、役立てることがまさに今なのです。
瞑想をぜひ、日常生活の新たな習慣にしましょう！
そのときピンとくるクリスタルを握って、瞑想してみましょう！
そのとき、必要な意識変容が起きて、必要な次元、世界に意識が向きます。

ラピスラズリで、松果体を活性化

私が、瞑想に入るときは、自分で自分にヴォイスヒーリングをします。とても気持ちよくて、自然に無限の無の世界に入っていきます。

瞑想のお供に、アロマは、ジャスミンやサンダルウッドがおすすめです。

最近発見したのが、オレンジジュースの力です。

今まで、オレンジは、インナーチャイルドの癒しと思っていましたが、第二チャクラを開いて、桃源郷の世界へと開いてくれる不思議なパワーを持っています。ピンとくるかたは、お試しください。フレッシュオレンジジュースがおすすめです。

クリスタルは、透明のクリアクォーツや紫色のアメジストが最適です。もちろん自分の好きなクリスタルで大丈夫です。その日によっても選ぶクリスタルが違ってくると思います。最近は、ラピスラズリが主張してきます。

ずばり、ラピスラズリは、第三の目＝松果体を活性化します。ラピスラズリのインディゴブルーの色が、まさに第三の目からあふれ出る光の色なのです。

ラピスラズリは、今の時代にぴったりのクリスタルです。

ラピスラズリは、エジプト時代の解放にもいいので、ちょうど権力大好きチームが地球大劇場から去っていくタイミングにぴったりです。

エジプトは、権力志向の象徴であるピラミッドがあるところだからです。

経済社会もピラミッド構造が、崩れて、平等社会になっていきます。

太陽系で、地球の前にアセンションを実現させたのは、金星です。先輩星なのです。だから多くの金星人が先に体験した才能を生かそうと、応援に来てくれています。

肉体のまま宇宙に行けるのは、３次元では、太陽系だけです。

もっと遠くの宇宙には、５次元以上の波動が高くないと行けません。

宇宙人とのコラボで、作られた三角形の宇宙船、ＴＲシリーズは、10次元の太陽の内部まで、移動できる機能を持っているそうです。

プレアデス星団からの応援も多いです。日本では昴《すばる》と呼ばれている星です。私も、５月生まれなので、牡牛座＝プレアデス星団の出身です。

谷村新司さんの人気の歌「昴《すばる》」は、まさに地球に応援に来るプレアデス星団の人々がプレアデスを去るときの心境を歌っています。

プレアデスからの応援は、「さらば、プレアデスよ〜」と歌ってみると、もっと意味がわかるようになります。

この歌が大好きな方は、きっと、プレアデス人だったと思います。地球へ向かうときの気持ちを思い出して、カラオケで熱唱しては、自分の使命を思い出しているのです。

居心地のいいプレアデスから、かなり文明が遅れていて、自然が荒れている地球に応援として来るのは、とても勇気があったと思います。

プレアデスからは、大きな母船で来ました。とても大きくて、1万人くらいが入ります。そこで、いろんな活動をしています。

今でもその母船とは縁が深くて、ほぼ毎晩のように、寝ている間、夢の中で母船での活動をしています。その母船に自分の部屋があって、かなり広いです。そこで、いろんな宇宙人たちと、ユートピア活動の打ち合わせをしています。

表面意識は、何となくぼんやりと、いろんな宇宙人が集まっているイメージが残っています。

瞑想と睡眠の夢の中が、本当の光の自分なのです。

だから、瞑想中のイメージや、夢の中の出来事がとてもヒントになります。

覚えていることは少ないですが、**潜在意識には記録**されています。もし、少しでも表面意識で、何か覚えていたら、それ用のノートにメモしておくと、あとで役に立ちます。そのとき、何の意味かわからなくても、後になって点と点が結びつくのです。

発明家や作詞家で、枕元に夢のノートと鉛筆を置いている人がいます。

地球での世界は、自分の思いでできたバーチャルな仮想世界です。

とてもリアルに見えて、現実のように感じられます。私たちは、それを現実と呼んでいるのですが、（笑い）本当によくできている舞台なのです。

宇宙とつながりやすくする方法

宇宙とつながるのは、いつも星空を眺めているだけではありません。

それも、つながりやすい習慣の一つですが、もっと身近につながる方法がいろいろあります。日常生活で、よく触れ合うもので、波動を高めるものを紹介しましょう！

波動を高めるもの【水】

いきなり水が出てきました。地球服である肉体の7割が水なので、どうしても水は、大切です。

あなたは、水にこだわっていますか?

あなたなりに、こだわってください。

体を構成している細胞の水が私たちの波動を振動させているのです。

どんな水を飲んでいるかで、細胞たちの振動数が変わります。

生まれた土地の水がいいという人もいます。

今住んでいる場所の湧き水や水道でも浄水器で浄化された水なら、住んでいる場所の波動と同調して、共鳴しやすいと思います。そこに住むのが楽になります。どちらを重視しても、その人の価値観のまま、お好きなように〜です。

どこか好きな場所の好きな水を飲んでいる方は、その場所の波動を取り入れています。

私も、沖縄に住んでいるのに、日々飲んでいる水は、富士山の天然バナジウム水です。

飲料水だけでなく、料理にも使っています。大好きな富士山の波動を取り入れているのです。

天の舞と海の舞は、量子水を使っています。カフェでは、さらに、庭のアフリカンブルーバジルのハーブを花と茎と葉をすべて入れて、ハーブ水にして、好評です。

水は、霊的にも浄化作用があるので、他の飲みものと別の働きをすると思っていてください。光の仕事をするときには、純粋な水を飲みたいだけ飲んでください。回復が早いです。波動が調整されて、とても楽になります。

波動を高めるもの【食べものと飲み物】

波動を高めるものの中で、特に食べものは大切です。

霊的に波動が高くて、お祓いの力もあるのは、お米、玄米ご飯です。そして天然の塩です。味噌です。醤油です。納豆です。

ご飯（特に玄米）に味噌汁に、納豆とお漬物というセットは、最強波動食です。

日本が誇りにできる食べものです。

発酵食品は、発光食品です！

ギャグのような、しかし力強い真実です。

長崎の原爆投下後に、聖フランシスコ病院の秋月辰一郎医師が、「塩の効いた玄米のお結びに、漬物とわかめの味噌汁を食べなさい！　砂糖は避けなさい！」とまわりの人々に訴えかけて、原爆症にならなかった人が多かったのです。

秋月先生とスタッフも、原爆症になりませんでした。

広島での原爆でも、9歳で被爆した少女が奇跡的に助かって、全身火傷《やけど》でケロイドが残ったのですが、原爆症を癒す方法を必死で勉強して、玄米食を勧めている平賀一弘医師と出会って、玄米食を始めたら、奇跡的にケロイドがはがれ落ちて、すべて元通りになりました。なんと恩人の平賀先生と結婚して、7人の子供に恵まれたそうです。まさかの原爆で、最強波動食が実証されました。

白米はだめですか？　という声が聞こえてきます。

私も実は、白米や雑穀米を食べています。感謝していただくと、大丈夫です。

玄米の他にも、蕎麦も波動が高く、波動を整える働きがあります。

いつもあなたのそばにいたい～とギャグも言えます。

ざるそばで食べると、ほてった身体をクールダウンしてくれますが、温かいつゆ蕎麦は、冷えた身体を温めて、波動も上げてくれます。

波動の高い食べものは、神様に捧げる神饌《しんせん》を見るとよくわかります。

地鎮祭などの神棚に何が備えられていたかを思い出してみてください。

必ず備えられるのが、お酒です。

神様は、お酒が大好きです。だから御酒、お神酒《みき》、と呼びます。

お酒もお米から発酵して作られる発酵食品です。波動が高い発光飲料なのです。量が過ぎると身体にもよくないし、波動をかえって下げてしまいますが、少しだけなら、神聖なる波動アップの飲み物です。お酒を飲んで酔っ払うと、波動がぐんと下がるような気がしますが、陽気になって、本音が語れるのは、すばらしいことです。両面あるのは、とても不思議ですね！

つまり、お酒は、波動を上げたり、下げたり、両方できるものなのです。

美味しくて、気持ちよければ、波動が上がります。

苦くて、気分が悪くなれば、波動は下がります。

お酒は百薬の長とも言われます。日本では日本酒、洋酒では、ブランデーが波動高く、お花の波動水も、ブランデーで割っています。

気を失ったときも、気付け薬は、ブランデーです。意識を変えるのに最適なのでしょう！　美味しいカクテルも、波動が上がります。

私は、ミモザが大好きです。自分へのご褒美に飲みます。

ミモザは、オレンジジュースとシャンパンのミックスですが、オレンジジュースがインナーチャイルドの癒しになります。第二チャクラを活性化して、女性性と創造性が開きます。性エネルギーも引き出されます。シャンパンは、お祝いのエネルギーが満載です。それがコラボすると、波動が一気に高まります。

究極は、自分が気持ちよく、幸せを感じる食べものと飲みものが波動を上げるのです。

食べたくないときは、スルーしましょう！　我慢して食べなくても大丈夫です。

野菜、果物、海の幸、海鮮物、など、野菜は、そのときの旬なものを、そしてなるべく地元のものがベストです。

何事も絶対にねばならないことはありません。かなり、ゆるゆるです。ねばねばは、執着の波動になって、下がってしまいます。ゆるゆるのゆるやかな波動が、自由な余裕があって、波動は高いのです。

大好きで幸せいっぱいなら、ジャンクフードでも、食べた人の波動を高めます。そこに喜びと感動が持続しているからです。身体に悪いのに食べてしまったと罪悪感で食べると、思った通りに身体に悪い働きをして、波動が下がります。罪悪感を持ちながら食べるなら、食べないほうがいいです。

食べるときに、どんな思いでいるかによって、同じ食べ物でも大きく変わってしまうのです。

波動を高めるもの【入浴】

平和が400年間続いた、江戸時代の生活はとても波動が高くて、子供たちも笑顔にあふれていて、これからの地球のためにヒントがたくさんあります。

ドイツは日本の江戸時代の生活のすばらしさに感動して、エコ社会を目指しています。

表向きは、西欧が鎖国を開いて、近代化したように見えますが、それによってせっかく平和だった日本に戦争が増えて、驚きの展開になってしまいました。

外国人がどっと4000人も日本に押し寄せて、日本の文化の高さに驚嘆しました。お風呂に毎日入らない外国人は、とても臭くて、香水をつけても異様な臭いを発していました。江戸時代は、庶民も毎日お風呂に入って、とても清潔でしたから、庶民が外国人をお風呂に入れて、食事をもてなすようになりました。

入浴して、清潔にすることも、波動を上げる生活習慣です。

シャワーで簡単に済ませる人もいますが、湯船に入ることで、身体が温まって、確実に波動が上がります。免疫力も上がります。身体が温まると、氣の巡りがよくなります。循環がよくなると、波動が上がるのです。

うつになって、波動が下がるとお風呂に入りたがりません。霊ちゃんがたくさん憑くと、ますますお風呂に入らないように邪魔をします。

お風呂に入られると、一気に身体が温まって、波動が上がり、憑いていられなくなるからです。

長湯を楽しむ人には、霊ちゃんは憑きません。身体が冷えている低体温の人に憑きやすいようです。

親友で、長風呂が大好きで、入浴中に宇宙に飛んでしまう人がいます。

波動がどんどん上がって、自分の宇宙の中に入って、好きな星に飛んでいけるのです。

私は、鳥が好きなせいか、鳥の行水で、長く入っていられなくて、残念です。

でも温泉が大好きです。塩素が強すぎる温泉（お湯自体に殺菌効果があるので、入れる必要はゼロです）は苦手ですが、自然な温泉は、大好きで、ついアマテラスのマントラを唱えてしまいます。相乗効果で、波動が一気に上がります。

温泉は、身も心もゆるゆるになって、カップルがラブラブするには、最適な場です。妊活におすすめしています。

子供で生まれてくる魂さんが、自分で選んだ両親へのメッセージに、「温泉に行って、ゆかたで燃えてね～」と言われたときには、びっくりこけました。

波動を高めるもの【アロマ】

香りは、波動を即効で上げてくれる自然界の中で、とても便利なすぐれものです。鼻の穴の奥の嗅覚細胞から、一気に脳幹に伝わり、記憶野（海馬と扁桃核）を刺激して、ゆるめる働きがあります。そこから解放される感情に関連した過去生のイメージが出てくるのです。いきなり脳の奥に到達するところが、即効性の所以《ゆえん》です。

もちろん、司令塔の松果体が活躍しています。肉体の目の奥にあるアカシックレコードと呼ばれる、「個人的ツタヤ」から検索して、関連のある過去生のＤＶＤを引き出してくるのです。今回の激動の時代に合わせて、たくさんの時代の続きを欲張って選んできて、同時にいくつもの時代の解放をしています。

過去生療法には、記憶野を刺激して、感情を解放するアロマが欠かせない道具です。

香りのヒーリングは、特にムー大陸で盛んでした。

ムー大陸とは、ハワイ、沖縄までの広大な大陸でしたが、沈んでしまいました。ムー大陸で聖なる山だった頂上が、島々として残っています。

だから、沖縄に来ると、それだけで癒されるのです。

香りは、妖精の世界からのプレゼントです。

実際は、ものではなく、香りの元の植物の妖精、自然霊が働いて、私たちを包み込んで、抱きしめて癒してくれています。

いろんな精油を使ってきましたが、今はまっている精油は、アメリカのヤング博士のです。とても波動が高いからです。

ヤング博士は、2018年5月に急に光に帰ってしまいましたが、奥さんと子供たちが彼の意思を継いで、波動の高いアロマを維持するために、ハーブを育てる土地にこだわり、波動の高いイヤシロチを選んでいます。

ハーブを育てる人も波動の高い人に厳選しています。

精油を作るすべての行程で、波動を意識しています。それがすべて、すばらしい精油の1滴に通じています。その1滴が、診療で、潜在意識に残っている感情の解放に、役立っています。

診療の最初に必ず使うアロマが、ベルガモットです。イタリアの柑橘系で、さわやかな甘い香りです。喉とハートを癒します。

日本人は特に、喉とハートにブロックがあるので、最初にベルガモットを使うとぴったりです。

ヤング博士の精油は、直接手に触れても大丈夫なので、右手の平に1滴たらして、それを両手で3回すりすりして、匂いを嗅ぎます。そのあと、自分のオーラを浄化するように両手で身体から10㎝くらいのところを優しく空中でなでてあげます。ちょうど肉体のすぐ外側のオーラのところが、潜在意識があるエーテル体になっています。そこにこれまでの過去生の表現されなかった感情がたまっています。

潜在意識から感情を解放すると、日常生活で、いろんな場面において、異常反応して感情の爆発が起きるのを防ぐことができます。

日本では、「感情的になってはいけない」というのは、この異常反応のことを言っています。感情が潜在意識にたくさんたまっているとその感情が出やすいときに爆発して解放されます。アロマで、どんどん解放しておけば、感情的にならずにいつも穏やかな波動を保つことができるのです。

アロマをもっと生活に活用してみましょう！

自然界の妖精、精霊たちが、この大切な大変革のときに、応援したがっていますので、ぜひアロマを活用しましょう！

もちろん、ご自分の好きな精油で大丈夫です。

好きなものは、心地よく魂が震えます。

自然に波動が上がっていくのです。

たまたま、私の場合は、過去生のご縁で、ヤング博士の精油を使っています。

スコットランド時代に、ハーブを使ったヒーラー仲間だったのです。

そのときは、ヤング博士も私も女性でした。見た目よりも老けて見えることを彼女は残念に思っていました。それで、今生は、ヤングという名前を選んできたそうです。友人のアロマセラピストの過去生療法を行ったときに、そのエピソードが出てきました。楽しく笑えますね！

沖縄の波動の高い花のアロマを作ってもらいました。伊集ぬ花とさわふじです。ともに、少ししか咲かないので、抽出して作れません。それで自称「日本一の鼻効きおじさん」を沖縄に呼んで、生の花の香りを嗅いでもらって、成分を感じてもらい、それを再現する形をとりました。

すばらしい香りができて、精霊さんにも聞いたら、それでＯＫが出て、安心して使っています。

伊集ぬ花は、ハートをふさいでいる、不必要な罪悪感を解放するのに、絶大なパワーを持っています。さらに、コロナリセットのときに、大活躍する蘇りのパワー、再生パワーを引き出してくれます。

そして、今回の波動アップのためには、さわふじがバッチリです。

さわふじは、左半身の女性性の解放にも、また、婚活にも、パートナーを引き寄せるパワーが強いので、パー活にも最適なアロマです。

有名なラベンダーは、とても有用なアロマです。高血圧にも火傷や虫刺されにも痛みも和らげるし、目の疲れや第三の目を活性化する働きもあります。

悩みや症状が、スピリチュアルな原因のときには、謎が解きやすくなります。

直感やインスピレーションを活性化するために、松果体をまわすには、ラベンダーをおでこの真ん中に刷り込むと、一気に波動が上がり、松果体が気持ちよくまわり始めます。

これからの時代は、直感でどんどん動いていくことが必要です。

アロマで、あなたのスピリチュアルな人生は、波動が上がって、バッチリです。

波動を高めるもの【クリスタル】

何度もこの本の中に登場しますが、クリスタルも波動アップには、欠かせない地球の細胞です。骨まで愛する～という歌がありましたが、**地球の細胞まで使って大きく変わる地球と同調して、光の5次元の世界に移行します。**

クリスタルは、大きなのが好きな人は、目につく部屋の中に飾りましょう！

身に付けたい人は、ブレスレットやペンダントヘッド、指輪やピアスなど、アクセサリーとして、その色合いのファッションと一緒に、色を合わせておしゃれにしましょう！

お気に入りのクリスタルを両手に持って、瞑想してみてください。意識が飛んで、自分の内なる宇宙へビューンと飛ぶことができます。

それを習慣にしていると、夜寝ている間に自分の縁のある星の母船に乗ることができます。

クリスタルは、意識を自由自在にするためのきっかけを作ってくれるのです。クリスタルの色が大切です。その色のチャクラ＝エネルギーセンターを活性化します。

ピンク色のローズクォーツやインカローズは、愛を引き出す天才です。

水色のラリマーは、トラウマを解かす天才です。

藍色のラピスラズリは、才能を開く天才です。

赤茶色のカーネリアンは、夢実現の天才です。

紫色のアメジストは、スピリチュアルな解放の天才です。

ブルーのターコイズは、コミュニケーションの天才です。

赤紫色のルビーは、女性のリーダーシップの天才です。

オレンジ色のオレンジジカルサイトは、女性性と創造性の天才です。

金色のゴールドカルサイトは、あなたを祝福してくれます。

波動を高めるもの【音・声】

あえて、音楽ではなく音・声にしました。

アメリカでは、今、サウンドヒーリングが盛んだそうです。薬と違って副作用がないからだそうです。

音は、1音でも、その響きがすばらしければ、その波動が宇宙を変えることができます。

クリニックでは、チベットのお坊さまが癒しと儀式に使っていた、チベタンベルを2種類、さらに音叉を4種類、診療の最初に奏でています。

一瞬で周波数を変えて、整えることができます。そんな響きを心から響かせたくて、日々、ヴォイスヒーリングをしています。

ヴォイスヒーリングは、クリニックを開設してから、突然衝動的に始まりましたが、そのヒーリングの力にびっくりしています。

普段話している少し低めの声と違って、少し高めの澄んだ声に自分も癒されて、うっとり聞きほれることがあります。

ヒーリングセミナーや過去生療法セミナーで、参加者の皆さんにもヴォイスヒーリングの方法を伝授していますが、実は、とてもシンプルです。

愛を込めて、相手の幸せを祈りながら、即興で歌うだけです。

それが**深い癒しと本当の自分への目覚めを促す波動**になっています。

今回この本の出版記念に波動を上げるヴォイスヒーリングのCDを出すことになって、海の舞のイルカホールで、9月4日に録音しました。

喉の調子がよくて、NGなく録音できました。

(1)潜在意識の感情を解放する
(2)自分を大好きになる〜インナーチャイルドの癒し
(3)すべてに愛を込めて波動を高める
(4)内なる宇宙とつながる

という四部の構成になっています。

響かせた本人が、とても気持ち良く歌えたので、きっと皆さんに届くと思います。

声には、その人の魂の歴史が集積されています。

そのせいか、声を聞いてたまらなく懐かしくて、またその声を聞きたくなるのです。地球という星のどこかの時代で一緒だったのかもしれません。

あるいは、地球大劇場には、それほど繰り返し舞台を踏んでいなくても、星の旅人として、どこかの星で一緒だったりすると、声を聞くだけで、イメージが出てきます。

とても懐かしく感じる声の人とは、過去生でとても縁が深かった魂さんです。感動的な再会があります。

クリニックは、不思議な再会の場です。

あと何年、愛と笑いの過去生療法ができるかわかりません。一日に出会う人は6、7人ですが、その人がその時代の代表だとすると、一気に多くの人々の波動を感じることになります。その人の声から魂の歴史を感じて、それがヴォイスヒーリングの響きで、潜在意識の感情が解放され、その時代の続きが始まります。

先日は、朝から感動でした。御主人のことで悩んでいらした女性なのですが、そのご主人は、過去生で、琉球時代に、尚徳王の側近だったのです。そのときの妻が、相談にいらした女性でした。くノ一やインディアン時代も一緒でした。

午後には、10歳の息子さんが児童相談所に連れていかれて、裁判になっているケースでした。

その息子さんの過去生が、琉球時代の尚徳王の三男だったのです。息子さんが、2018年、小3の時に描いた首里城の絵が、すばらしくて首里城に展示されていたそうです。

そして、母親が当時は、乳母でした。尚徳王の若い叔母でした。実母は、王妃だった今の主人です。

彼を助けるために、母親の診断書を書くことになりました。かつての尚徳王が診断書を書いて、印鑑は主人のを借りて押しました。たまたまでしたが、とても意味があったのです。

きっとこの診断書が裁判の流れをひっくり返して、息子さんが帰ってくるようになります！　そのように、祈りを込めながら書いています。

同じ日に、自分の過去生＝尚徳王の関係者を4人も謎解きするとはびっくりしました。尚徳王のエネルギーを25％も持っていて、沖縄に移住してきた私が、しっかりと関係者の魂さんたちを引き寄せています。

私の中の「琉球波動」がどんどん動いています。

さらに、翌日の台風のニュースで、奄美大島の喜界島のホテルが避難する人々で満室という、喜界島のことまで、引き寄せてしまいました。尚徳王の時代に喜界島に何年か住んでいたのです。

台風が奄美大島を直撃しなければ、ニュースで見ることはありません。

台風まで、参加してくれています。

しかも、一つ前の台風は、裁判を延期してくれたおかげで、過去生の息子を取り戻すために、流れを変える準備ができました。

自然界のすべては、いろんな役割を持って動いています。まさに、天の計らいです。

あなたにも、きっと懐かしい声の魂さんがいるはずです。

どこかの時代で、大切なつながりの魂さんです。

今生での再会を喜び合って、新たな体験を嚙み締めましょう！

「琉球の風」が吹く

懐かしい過去生の縁の深い魂との再会が次々に起きています。

ちょうどこの本を書いている間に起きたので、しっかりと紹介してきました。

バラバラに起きていたことが、つながっていることに気づいて、嬉しいびっくりです。

代表作となった自著『人生のしくみ』（徳間書店）のｐ２２７の「海のそばのクリニック」のところに、沖縄那覇での講演会を主催してくださった方と、首里城に行ったときのことが書かれています。

修理期間中で、閉館だったのですが、入り口前の芝生に寝そべって、大地とアースしたときに、気持ちのいい風に吹かれて、赤木の葉が揺れて、琉球の風を吹かしてくれました。そのときに、荘厳な太鼓と弦の音とともに、琉球時代の宴のような大勢の人々のイメージが出てきて、女性たちが舞を舞ってくれました。

その主催者の女性は、アロマセラピストでユタのように見える方でした。

「啓子先生、首里城が喜んで浮き上がっていますよ。先生が戻ってきたと喜んでいますよ！」と叫んでいました。

「不思議に懐かしい場所だわ。やはり過去生でも縁があったのかしら」

このときは、まだ表面意識は、自分の過去生が尚徳王だったことを知りませんでした。

２０２１年に、『人生のしくみ』の新装版を予定しているので、そのときには追加して書こうと思っています。

首里城の入り口まで行って振り返ると、ちょうど夕陽が輝いていて、それに向かって祈っていたら、夕陽がさらに大きく輝き出しました。

「お帰りなさい、お待ちしておりました」と語りかけてくる大勢の人々の温かい愛を感じました。

尚徳王の幼名＝八幡と同じ地名の北九州八幡に生まれ変わって、東京から沖縄に移り住んで21年になります。

那覇での講演会に友達の紹介で参加してくれた、今の主人とサイン会の最後に出会って、一目惚れしました。

それから、紹介してくれた友人が２００回も電話をかけて、彼の診療の予約を取ってくれました。診療中は、ドキドキしましたが、彼の過去生が清水次郎長親分だったことを覚えています。経営者仲間に配るからサインをしてほしいと26冊の新刊書を持参してくれました。

「本を書いたら、恋人が見つかるわよ～首里生まれ、首里育ちの人よ～」と守護天使の桜ちゃんから言われて書いた本だったので、「この人だ！」と思いました。彼は、第二尚家の枝葉の14代目にあたり、そのまま伊地ヨン（イチヨン）。

付き合い初めて、彼にプロポーズされたときに、「僕は口下手だから、歌で表現します」とカラオケに連れて行かれて、歌ってくれたのが、「階《きざはし》」という谷村新司さんの曲で、N

HKの大河ドラマ「琉球の風」の主題歌でした。「夢を渡らせるための～橋になる～」というさびのところで号泣して、結婚の申し出をお受けしました。

そして、夢の城、天の舞と海の舞を一緒に創ってくれました。

その建築会社が、「琉球の風」のセットを作ったというのを聞いて、びっくり！ 近くのむらさき村にまだセットが残っています。

すべてがつながって、全貌が最近になって見えてきました。この「波動の秘密」の本を書くことになって、自分の魂の秘密が見えてくるとは、予想もつかなかったです。

仲間由紀恵さんが、主人公のドラマと映画『テンペスト』も、中国と貿易を盛んにやっていた琉球王朝のことをモデルにしています。

中国から珍しいカラフルなオウムをもらったエピソードがあるのですが、そういえば最近、大好きなプラザハウスで、主人が、あのオウムに呼ばれていると、カラフルなオウムの飾りものを見つけて、嬉しそうにカフェに飾っていました。

一つひとつ気になるものは、かつてのお気に入りかもしれません。

波動が引き寄せているのでしょう！

もし、あなたもピンと来たら、琉球の風に吹かれに沖縄にいらしてみてください。沖縄は、地球のへそにあたります。とても大切な要のところです。自分の根源に戻りやすいところです。
波動の秘密の最後に、琉球の風が吹いて、すばらしいエンディングになってきました。大好きな曲、作曲したイクマあきらさんが歌う「ダイナミック琉球」を聞きながら書いています。YouTubeでさがしてぜひ見てください。勝連城址と海をバックに「あまわり」組踊ミュージカルのメンバーが踊りながら、まさに力強い琉球の風を感じることができます。一緒に歌って踊っている平田大一さんの作詞です。

海よ祈りの海よ　波の声響く空よ　大地踏み鳴らし叩く　島の太鼓（てーく）ぬ響き
風に吹かれて島を歩く、夢に吹かれて海を渡る
月に吹かれて涙を流し、罪に吹かれて明日を思う

見果てぬ夢は　奏でてる思い
問いかける未来　走るあの空へ

すべての歌詞が自分の思いとぴったりで、涙が出てきます。
切ない思いが胸いっぱいに広がります。

父の尚泰久に認められて出世しながら金丸という重臣は、息子の尚徳王の代になったら、皆殺しにして自分が王になってしまいました。

この金丸を許せるのかが、530年にわたる過去生からの感情の解放の宿題でした。

表面意識がまだ尚徳王のことを知る前に、金丸のエネルギーを持った女性がわざわざ福岡から沖縄まで訪ねてきて謝ってくれました。

そのときは、

「私もまったく覚えがないので、どうぞ気にしないでください」

と深々と顔を下げて詫びる彼女に、軽く許しの言葉をかけてしまいました。

今ごろになって、その当時の関係者が続々と現われてから、その人々のそれぞれのセッションの中で、本当の真実がイメージで見えてくると、ムラムラと感情があふれ出てきました。そして、ちょうどそのとき書いているこの本で暴露しています。憎しみや怒りの波動をいかにして、許しの波動にするのか？　です。

そして、その憎しみや怒りの波動は、決して、金丸だけでなく、その当時の自分にも向けられています。なぜもっと政治に力を注がなかったのか？

人生のしくみから解釈すると、その体験をしたかったからです。

政治に魅力を感じなかったからです。

金丸さんにも「ありがとう」を言える心境になりました。

そして今、その時代の続きをしながら、バランスを取って、王妃とも再会して天の舞、海の舞を創り、地球ユートピア活動を続けています。

人生とこの本の最終章で、いろいろわかって、すべてを許しと統合のエネルギーに昇華されていきます。まるで、登り龍です。

琉球の風を感じながら、すべてを受け入れて、すばらしい体験として、自分もまわりの人々も許して、光に帰っていきます。そんな境地に近づいてきました。

悟りの境地に起きていること

波動についての解説もしながら、自分の魂の謎解きも並行して書いてきました。今回の人生から始まった表面意識と偉大なる魂さんとのギャップがとても開いていましたが、少しずついろんなソウルメイトとの出会いによる学習のおかげで、理解できるようになりました。

偉大なる魂さんを受け入れ、認めて、信頼できると、自然の流れに逆らわずに身を任せられるようになります。そのときは、理解不能であっても、きっとあとからわかる、これは今必要だから起きていることだと受け入れることができてきます。行動、体験が先に起きて、あとから理解がついてくるのです。

直感を100%信じることができます。

これは、私も仕事の上では、バッチリできています。表面意識が受け入れ難くても、あとから解説がきっと来ると信じて、一度は、受け入れられるようになりました。

あなたもだんだんと、自分の偉大なる魂さんを信じて、受け入れられるようになってきたのではありませんか？

それは本当にすばらしいことです。

ブラボーです。

それができるようになると、**自然に感謝の波動があふれ出てきます。**

すべてにありがとうと言いたくなるのです。

そして、さらに、利他の波動へと変わってきます。

自分が満たされて幸せになると、他の人々のために役に立ちたくなるのです。これが、波動アップしていく自然の流れです。

この時代に、あなたに会えたことに感謝します。

この激動の時代に、この本を書けたことに感謝します。

あなたが、この本を最後まで読んでくださったことに感謝です。

あなたも、この本から、いろんなヒントをもらって、気持ちが軽くなり、明るくゆるゆるになって、次々と夢を叶えられるようになったら嬉しいです。

あなたの魂は、すばらしいです。

偉大なる魂さんと思ってください。

私が保証します。

あなたは、この地球大劇場で、たくさん生まれ変わってきました。

あなたの声にその魂の歴史を感じて、気持ちよくビリビリと感じています。

これから大きく地球が変わるときに、楽しくのりのりで、面白がりましょう！

ルンルン、わくわくで、乗り越えていく、醍醐味をしっかりと味わいましょう！

あなたの偉大なる魂さんに乾杯！

あなたのすばらしい、盛りだくさんの人生にブラボーです！

あなたのすばらしい、波動にありがとう!!

波動の秘密9

コロナリセットも、波動を上げるチャンス！

一見マイナスに見えた新型コロナウイルスの登場も、見方を変えると、波動を上げるチャンスです。こんなに地球規模で大きな変動が起きることは、珍しいです。

それだけに、地球が一つの意識になって、この不思議な現象を活かして、みんなで波動アップするチャンスだと思って、活かしていきましょう！

私たちの集合意識が、コロナを引き寄せたのです。コロナで自分をリセットしたかったのです。それが国レベルではなくて、地球レベルで起きていることにとても大きな意味があります。地球人すべてが波動アップしたかったのです。

コロナを引き寄せる前の自分、日本、地球を思い出してみてください。あのままでは、とても短期間に、波動アップして、地球が平和にユートピアの世界になることは、とても難しかったと思うのです。

このびっくりの流れだったから、これから新しい地球になるべく大変革が起きてきます。

経済がまず大きく変わりそうです。

頂いた貴重な10万円の給付金は、私の場合、ちょうど虫歯ができて、美しいセラミックの歯が入りました。9万9000円でした。給付金が口の中に入った人は少ないかもしれません。まさに、歯ハハハと笑えます。

これから、コロナリセットで、どんどん笑いが止まらない大変革を体験します。

そう思いましょう！

楽しくびっくりしながら、不安がるより面白がって、わはははと笑いながら、新しい地球になりましょう！

地球まるごと、波動アップして、笑顔いっぱいの地球に、地球人になりましょう！

波動の秘密10

花を飾って波動アップ、地球のユートピアへGO！

そして、ぜひ、自分好みの生花を飾ってみてください。

生花には、必ず妖精がついていて、あなたとお部屋をぐんと波動アップしてくれます。

特に、昔過去生で妖精だった人は、生花を飾ると、妖精が応援してくれるので、とても元気いっぱいになります。

花がいっぱいの星は、本当に平和でユートピアの星です。

同じ太陽系の土星は、花がいっぱい咲いていて、その上をすべるように宇宙船が飛んでいるそうです。

早く地球もそのようになりたいです。

私も花が大好きです。

花を頂くのも、花を差し上げるのも大好きです。

天の舞、海の舞にも、いろんな花が咲き乱れています。ミツバチが集まり、蝶々が集まり、まさに桃源郷です。

自分が住んでいる場所を、花でいっぱいにしましょう!

訪れる人々も癒されて、自然に笑顔になります。自然にユートピアになるのです。

鳥も集まってきます。

朝、鳥のさえずりで目が覚めます。

そして、主人とバッチリ鳥と呼んでいる鳥が、「バッチリ、バッチリ」と鳴いてくれるのです。

あなたの今日も、バッチリです。

あなたの人生も、バッチリです。

あなたの波動もバッチリです。

私たちの地球大劇場も、バッチリです。

最後まで、読んでくださって、ありがとうございます。
バッチリ!!

あとがき

この本を読んでくださって、本当にありがとうございました。

いかがでしたでしょうか？

波動についての役立つヒントや情報が得られたでしょうか？

これからのあなたの人生に少しでも役立ったら、嬉しいです。

今回は、波動についての解説ということで、これまで地道に診療と活動を続けてきた体験から、さらに掘り下げた内容を紹介できて、本当によかったです。

今まで、私の本を読んでくださったファンの方にも、さらに詳しい解説ができました。

今回初めて読んでくださった新しい読者の方にも、ご縁に感謝します。

私たちは、本来「秘密」が大好きです。「ここだけの秘密」と言われるとそれだけでわくわくします。

担当編集の武井章乃さんから、「波動の秘密」の執筆依頼があったときから、わくわくしていました。ちょうど、新型コロナウイルスが地球を大きくリセットしてくれて、地球全体が変わってきました。

何が起きているのかを直感とネットの裏の情報まで調べつくして、ある程度状況がわかってからこれは、本当に地球レベルの大変革だと確信しました。

この本を読んでくださった魂さんに、自分が今地球の地上でたくましく生きている意味を思い出してほしいのです。地球が大変革をするときに、大人の自分になっているのは、まさに新しい平和な地球を一緒に創っていくメンバーだからです。

これからいろんな分野で、大変革が起きるので、私たちの得意分野がどこかで役に立ちます。

このときのために自分はいろんな体験をして、乗り越えてきたのだとしみじみ思える時代を迎えています。

今回の表紙は、今までの優しいほんわかムードの雰囲気から脱して、男性でも読みやすいようにお願いしてみました。

最後に、もう一つ、印象的な瞑想を紹介したいと思います。

五井昌久先生を紹介してくださった鮫島純子さんと瞑想指導の先生のお二人が手を引いてくださって、自分は6歳くらいの男の子で、渦を巻いている銀河をルンルンと渡っているときに、びっくりするほど強い力で、右足を引っ張られて、それでも渡ろうとしたら、右足が根本からスポーンと抜けてしまいました。

　アッと思ったのですが、どうしてもお二人の手を放したくなくて、「大丈夫、宇宙が味方だから」と思って進んでいたら、新しい右足がするすると生えてきました。

「やっぱり宇宙がちゃんと見ていてくれる」と安心したとたんに、意識が今に戻ってきました。

　鮫島純子さんは、渋沢栄一さんのお孫さんで、98歳になりますが、とてもお元気で、天の舞10周年、海の舞5周年の記念ライブ配信のときに、「高校生のときからずっと見守ってきました」と愛あふれるお話をしてくださいました。

　Youtubeの啓子チャンネルの動画をぜひ見てください。

　編集長の武井章乃さん、本当にありがとうございました。美しく斬新で、さわやかな表紙をデザインしてくださった三瓶可南子さんありがとうございました。

　今回の本創りの過程でも、いつもの応援団長のパーカー智美さん、相似象の相談役の川井亜哉子さん、ずっと励ましてくれた野上道子さん、そして、モナリザのモデルだったカトリーナさん、本当にありがとうございました。

　いつも愛あふれる応援をしてくれる家族やスタッフのみなさんにも本当にありがとうございます。

ずっと、支えてくださった多くの方々に心から感謝の気持ちでいっぱいです。
私たちが、自分の得意分野を引き出して、これから新地球を創っていきます。
みんなが笑顔になれるユートピアの地球を目指して、大変革と創造を楽しみましょう！
新しい地球にブラボー、新しい私たちにブラボー!!

２０２０年　10月吉日

越智　啓子

魂科医・笑いの天使・楽々人生のインスト楽多～

日本音楽著作権協会（出）許諾第2008589-001
カバー写真：©Alamy Stock Photo/amanaimages
装丁／三瓶可南子
本文レイアウト／茂呂田剛
本文イラスト／森海里

〈お知らせ〉

徳間書店では、越智啓子先生をはじめとする新刊記念講演会やワクワクするオンラインセミナーを計画しています。

開催情報はホームページで適宜お知らせしていきますので、ぜひチェックしてみてください。

https://www.tokuma.jp/

越智啓子（おちけいこ）

精神科医。東京女子医科大学卒業。東京大学附属病院精神科で研修後、ロンドン大学附属モズレー病院に留学。帰国後、国立精神神経センター武蔵病院、東京都児童相談センターなどに勤務。1995年、東京で「啓子メンタルクリニック」を開業。99年沖縄へ移住。過去生療法、アロマセラピー、クリスタルヒーリング、ハンド&ヴォイスヒーリングなどを取り入れた愛と笑いのカウンセリング治療を行う。現在、沖縄・恩納村にあるクリニックを併設した癒しと遊びの広場「天の舞」「海の舞」を拠点に、クライアントの心（魂）の治療をしながら、全国各地で講演会やセミナーを開催し人気を呼んでいる。代表作の『人生のしくみ』、『ゆるゆるの法則』（徳間書店）ほか、『龍を味方にして生きる』（廣済堂出版）、『自分リセット！　無限のゼロ・パワー』（青春出版社）など著書多数。

波動の秘密

宇宙のしくみで人生を動かす方法

第1刷　2020年11月30日
第6刷　2023年9月1日

著　者　　越智啓子
発行者　　小宮英行
発行所　　株式会社徳間書店
〒141-8202　東京都品川区上大崎 3-1-1
目黒セントラルスクエア
電話 編集(03)5403-4344／販売(049)293-5521
振替 00140-0-44392
印刷・製本　大日本印刷株式会社

ISBN978-4-19-865193-0